UNA CITTÀ IN PUGNO

Progressione Omicida

Libro 1

O.J. MODJESKA

Traduzione di

MARIA TERESA LEVANTE

L'autrice

O.J. Modjeska è una storica, una criminologa e un'autrice. Nel 2004 ha conseguito un dottorato di ricerca in Storia moderna americana presso l'Università di Sydney e nel 2015 ha ottenuto un diploma di laurea in Criminologia presso la Sydney Law School. Nel 2015 ha ricevuto il JH McClemens Memorial Prize dalla Sydney Law School per le sue competenze in criminologia. Prima di intraprendere la carriera di scrittrice ha lavorato per diversi anni come scrittrice e editrice in ambito legale. O.J. scrive libri di narrativa basata su fatti di cronaca nera e di analisi delle catastrofi. Il suo e-book di esordio sul disastro aereo di Tenerife, "Gone – Catastrophe In Paradise", è un best-seller. "Una città in pugno" e "Killing Cousins" sono i due volumi che compongono la serie *true crime* intitolata "Progressione omicida", ora disponibile presso tutti i migliori rivenditori di e-book.

A lungo in queste grotte ho dimorato
Tenuto in forze dal sangue bramato
Mi levo al crepuscolo, discendo all'albore
Porto con me l'oscurità e il dolore
Se giusto o sbagliato qualcun altro decida
Io prendo vite a cuor leggero
Autoinflitte son le grida
Luogo naturale il cimitero

— *Il cerchio del male* di Atahan Tolunay

Prefazione

Le vicende criminali di cui tratta questo libro risalgono agli anni Settanta e sono ben note, se non addirittura celebri. I loro protagonisti appartengono alla hall of fame dei serial killer. Tuttavia, ho scelto di non menzionare esplicitamente i loro nomi prima di entrare nel vivo del racconto, né quello del caso storico cui sono associati.

Per il lettore la ragione diverrà chiara a suo tempo. La fama degli assassini in questione non dovrebbe distrarre dal fatto che molti dettagli significativi di questo caso rimangono sconosciuti, oppure sono stati dimenticati, e rievocarli in una prospettiva contemporanea getta nuova luce sulla nostra comprensione degli eventi. A dire il vero, attraversare questo racconto senza preconcetti potrebbe offrire un'esperienza molto più vicina e attuale di quanto ci si potrebbe aspettare.

Ho scritto *Progressione omicida* dopo essermi imbattuta in alcuni tra i dettagli più oscuri di questo caso durante i miei studi per la certificazione in Criminologia. Allora pensavo di conoscere molto bene quelle vicende e a colpirmi fu proprio il fatto che in realtà ne sapevo veramente poco, e quello che stavo imparando mi riportava alla mente molti degli orrori e delle sofferenze che si presentano con frequenza sempre maggiore nel mondo contemporaneo.

Per quanto le azioni dei responsabili siano state spregevoli, tra le reazioni degli psichiatri, della Polizia e dei giudici incaricati di amministrare la giustizia, molte sono state quasi altrettanto scioccanti. A mio avviso, le figure criminali su cui è incentrata questa storia non ne costituiscono l'aspetto di maggiore interesse; sono stati piuttosto dei catalizzatori, che attraverso le loro azioni hanno portato alla luce le fragilità della natura umana e il profilo di una società tormentata da se stessa. E la sofferenza continua.

PARTE I

Panico

Capitolo 1

Questa storia ha inizio in una metropoli vasta e pulsante, i cui quartieri centrali oggi si distinguono per la loro pulizia, se non addirittura per la loro sobrietà. È un mondo fatto di vetro e di acciaio, di grattacieli dal design anonimo ma funzionale. Con il suo arcipelago di negozi di musica, la sua Walk of Fame cosparsa d'impronte delle mani dei luminari del rock 'n' roll e il suo storico Sunset Grill reso celebre dall'omonima canzone di Don Henley, la città presenta una versione di "modernità" che i numerosi turisti, che vi si riversano ogni anno, non hanno alcun problema a digerire. Tra le attrazioni principali ci sono i ristoranti, lo shopping e la caccia alla celebrità o al cagnolino in una *tote bag*. Nessuno ha timore di andare in giro durante la notte. Questa città non ha tempo per il crimine e per il degrado, non si lascia frequentare dall'emarginazione e dall'anomalia. La maggior parte di quella gente è andata via… da qualche parte, in un altro posto, un posto qualsiasi; non importa dove.

Una ventina di anni fa Hugh Grant fu arrestato pubblicamente per aver ricevuto una prestazione di sesso orale dalla prostituta Divine Brown davanti alla sua BMW. L'episodio è avvenuto poco prima della grossa operazione di bonifica in seguito alla quale ampie zone di Hollywood sono state adibite a scopi commerciali e ripulite dagli "indesiderabili". Ma chi ha vissuto tutta la sua vita a Los Angeles può testimoniare che tra la fine degli anni Settanta e gli anni Ottanta lo squallore, a Hollywood, aveva raggiunto i suoi massimi livelli.

A quei tempi l'intero tratto di Sunset Boulevard tra Gardner e Western Avenue era un mercato del sesso molto vivace. Hollywood, sul lato est, era popolato di spacciatori, sfruttatori della prostituzione, barboni e fuggitivi ricercati. Dove c'era un vecchio teatro, c'era un cinema a luci rosse. Gli scarti del fallimento della controcultura, vittime della tossicodipendenza in jeans svasati e bandana migrate a sud da Haight Ashbury, videro morire i loro ideali in una volgare miscela a base di droghe e sesso per denaro. Era un momento di pausa; il glamour e le case di produzione si erano spostati altrove, il futuro e il suo uragano d'interessi commerciali purificatori non erano ancora arrivati e nello spazio vuoto si raccolse un mucchio fumante di rifiuti.

Intorno al 1977, momento in cui inizia questa storia, Hollywood era la casa dei disperati e dei dannati. Ogni giorno della settimana, a qualsiasi ora, le auto percorrevano il Boulevard rallentando giusto il necessario per consentire ai loro occupanti di studiare le merci umane disposte in fila lungo i marciapiedi sporchi. La guerra tra poliziotti e prostitute si preparava notte dopo notte; a volte arrivava a scoppiare e poi tornava a raffreddarsi. Il confine che divide West Hollywood dalla città di Los Angeles corre proprio attraverso la Sunset Strip, accanto alla statua di Rocky e Bullwinkle. Quando passava una macchina della Polizia, le ragazze si spostavano verso West Hollywood; quando vedevano l'auto di uno sceriffo, si spostavano sul lato di Los Angeles. La maggior parte preferiva quel lato. Gli sceriffi erano soliti incolonnarle contro i loro veicoli per poi colpirle con le torce di metallo sulle nocche delle mani appoggiate sul cofano.

Le ragazze di Hollywood avevano fatto dello schivare i poliziotti una forma d'arte. La maggior parte sapeva, ad esempio, che le sere migliori per lavorare erano quelle della domenica e del lunedì, perché quelli erano i giorni liberi degli ufficiali della buoncostume. Altre erano solite telefonare alla centrale e se non ottenevano una risposta, andavano al lavoro.

A volte però non era sufficiente essere astuti e prendere tutte le precauzioni del caso. Si veniva presi lo stesso.

I poliziotti potevano presentarsi sotto copertura e fingersi clienti. E a rendere la situazione ancora più confusa, non era un fenomeno insolito che, per qualche strana ragione, i civili si spacciassero per poliziotti.

Forse era semplicemente un segno dei tempi, della perversità del mondo moderno, ma quella della disco non era l'unica mania in città. Nella sua forma più elementare si manifestava come uomini che attraversavano Sunset urlando insulti alle donne di strada, con sirene finte attaccate ai veicoli e un grande stridore di gomme. Quello che stava succedendo era, però, qualcosa di più grande e complesso, bastava scalfire la superficie per vederlo; qualcosa che si avvicinava di più a una sottocultura. L'alto profilo del commercio di equipaggiamenti contraffatti e il numero di uomini alla guida di auto fatte passare di proposito per veicoli della polizia puntavano verso l'esistenza di una classe di fanatici dalle sfumature variegate. Mercati e mercatini delle pulci offrivano distintivi falsi, sirene, manette, manganelli e porta documenti da poliziotto. A un prezzo molto più alto era possibile acquistare in nero anche articoli "autentici", oggetti sottratti alla forza pubblica.

Alcuni di questi "fanatici" erano semplicemente giovani che volevano acquistare un vecchio veicolo della Polizia per la sua velocità e manovrabilità. Altri invece prendevano le cose più seriamente e si divertivano ad appostarsi sulle scene del crimine facendo finta di avere motivi legittimi per trovarsi sul posto. Installavano scanner nelle loro auto e intercettavano le chiamate della Polizia. A volte si divertivano a fermare i conducenti di altri veicoli e dar loro un po' seccature per delle infrazioni stradali. Oppure si divertivano a tormentare e a intimidire le prostitute, fingendosi clienti per poi tirare fuori un distintivo solo per il gusto di vedere che faccia avrebbero fatto.

Le motivazioni che li spingevano erano tra le più varie. Alcuni lo facevano solo per farsi una risata. Altri perché erano stati scartati dalla Polizia e provavano rancore. Altri ancora erano uomini che per una ragione o per l'altra provavano impotenza nelle loro vite quotidiane e quindi godevano della sensazione di autorità che spacciarsi per un poliziotto dava loro.

Purtroppo era difficile distinguere una tipologia dall'altra. Molti di loro erano perfettamente innocui; altri erano pericolosi al di là dei peggiori incubi di qualsiasi donna.

———

Yolanda, con la sua pelle nera e le sue gambe lunghe, riusciva a portare a casa fino a trecento dollari a notte: una piccola fortuna, per gli standard degli anni Settanta. Dopo aver lasciato gli studi, aveva trascorso del tempo a lavare i piatti e servire ai tavoli, facendo esattamente il tipo di lavoro rispettabile che ci aspetta da chi ha prospettive limitate. I suoi guadagni erano a malapena sufficienti per sfamare se stessa e la figlia. Alcune delle sue amiche si prostituivano. Yolanda fece un tentativo e il giorno successivo presentò le dimissioni al ristorante. Che andassero a farsi fottere.

Yolanda amava i soldi che guadagnava stando in quel giro. Era una donna giovane nel fiore degli anni, amava la moda ed era orgogliosa di poter vestire in un certo modo. Le piacevano le cose che poteva comprare con i soldi della strada: vestiti eleganti, sexy; bei gioielli, come quel suo anello con un turchese incastonato in una foglia d'argento. Non era una persona sciatta, lei. Il suo profilo era più simile a quello di una escort che a quello di una prostituta di strada.

Per lei quello era solo un lavoro. La considerava una situazione temporanea, non aveva intenzione di restarci dentro per sempre. Era bello avere abbastanza denaro da comprare quello che voleva per sé e per sua figlia, ma il lavoro aveva diversi lati negativi piuttosto seri, come quello di farti ritrovare con dei precedenti penali per adescamento a soli ventidue anni. A poco a poco il suo stile di vita era cambiato completamente. Aveva iniziato a fare uso di sostanze stupefacenti ed era andata a vivere con uno spacciatore della zona, e poi la figlia era andata a stare dalla nonna, per cui Yolanda si ritrovò separata dal motivo per cui era entrata in quel giro.

Questi erano i pensieri su cui rimuginava la notte del 17 ottobre 1977, quando uscì da casa per andare a battere il marciapiede. Non si sentiva proprio in vena e le mancava la sua bambina. Con quell'umore vuoto voleva solo andare, fare quello che doveva fare, prendere i soldi e tornarsene a casa.

Il suo pappone, su Sunset, doveva aver colto la sua mancanza di entusiasmo, perché, non appena lo aveva incontrato, le aveva detto di muovere il culo e andare là fuori, prima di farlo arrabbiare.

La seguì con lo sguardo mentre si allontanava in direzione est, verso l'incrocio tra Sunset e Detroit, dove, nel quartiere musicale di Sunset, Ronald LaMieux gestiva un negozio di organi. La sera del 17 ottobre lui e un collega erano rimasti a occuparsi di revisioni contabili fino a tardi perché avevano delle scadenze da rispettare. A un certo punto LaMieux venne distratto dal rumore di urla all'esterno. Guardò fuori dalle vetrine e vide quello che sembrava essere un arresto della buoncostume proprio lì per strada, davanti al suo negozio. Un uomo con i capelli scuri e i baffi stava gridando e agitando un distintivo davanti a una giovane donna, una prostituta alta e nera.

LaMieux lo vide ammanettare la donna e farla entrare nella parte posteriore del suo veicolo. C'era un altro uomo seduto davanti, al posto del conducente. In quella zona di Sunset gli arresti di prostitute erano piuttosto frequenti e LaMieux non si fermò a pensarci più di tanto, ma aveva notato che l'agente che aveva effettuato l'arresto sembrava avere dei modi eccessivamente aggressivi.

Yolanda, seduta in manette sul sedile posteriore dell'auto, stava maledicendo la sua sfortuna. L'ultima cosa di cui aveva bisogno era un altro rapporto. Il poliziotto che l'aveva arrestata aveva detto che l'avrebbero portata in centrale. Era un tipo giovane, con i baffi e delle cicatrici da acne sul collo; era salito sul sedile posteriore e si era seduto accanto a lei, cosa che le era sembrata un po' strana. Ma soltanto dopo aver osservato meglio l'uomo alla guida, cominciò ad avere dei sospetti sulla situazione.

Si rese conto che conosceva l'autista, o almeno che lo aveva già incontrato. Era più vecchio dell'altro e aveva un grosso naso adunco e folti capelli neri striati di grigio. Era davvero piuttosto brutto, ma c'era qualcosa di particolare in lui. Yolanda lo aveva pensato anche il giorno in cui lo aveva visto per la prima volta. In quel momento non riusciva a vedergli la faccia nella sua interezza, solo il profilo, ma era sicura che fosse la stessa persona.

Qualche settimana prima aveva accompagnato la sua amica Deborah nel negozio in Colorado Street, a Glendale, di cui era proprietario, e dove doveva incontrarlo. Si occupava di tappezzeria per auto. Il posto era pieno di gommapiuma e bobine e su un banco da lavoro c'era una macchina per cucire. Nel garage erano parcheggiate alcune auto molto appariscenti, una Mercedes e una limousine marchio Cadillac. Il proprietario si era vantato di avere Frank Sinatra tra i suoi clienti.

Aveva quel naso grosso e un viso che faceva pensare a del cuoio vecchio e unto, eppure Yolanda si era sentita stranamente attratta da lui. Aveva parlato con una voce morbida, e sorriso in un modo quasi impercettibile, che gli faceva arricciare appena gli angoli degli occhi. Emanava un'aura disinvolta e sicura di sé. Mentre conversavano, Yolanda si ritrovò ad accennare al fatto che di solito la si poteva trovare su Sunset, dalle parti di Highland.

Non era riuscita a farsi dare tutti i dettagli dalla sua amica, ma era convinta che Deborah gli stesse vendendo una lista di personaggi che frequentavano abitualmente prostitute, un fascicolo d'informazioni con cui poterli ricattare in seguito. Quindi il tipo era un tappezziere e forse anche un pappone part-time. E poi eccolo là, anche un poliziotto. Fu allora che Yolanda iniziò a pensare che c'era qualcosa non andava.

«Che cosa sta succedendo? Non siete poliziotti, vero?»

Il ragazzo più giovane, quello sul sedile posteriore accanto a lei, le lanciò uno sguardo pungente.

Con i suoi tacchi a spillo, Yolanda prese a tirare calci contro lo schienale del guidatore.

«Ehi! Io ti conosco. Ti ho già visto. Non sei un poliziotto. Dove mi stai portando?»

L'autista si voltò per un istante e Yolanda vide i suoi occhi. Era decisamente quel tipo, ma i suoi occhi erano completamente diversi dal giorno in cui avevano parlato nel negozio. Le iridi nere galleggiavano nel bianco. La rimproverarono senza parole, forse perché aveva preso a calci il sedile, forse solo perché esisteva. Sembrava fuori di sé dalla rabbia.

L'uomo più giovane le intimò di tacere.

E poi accadde e in modo talmente rapido che Yolanda non ebbe neanche il tempo di vederlo arrivare; un pugno la colpì con forza sulla guancia.

Fu quello il momento in cui capì che stava succedendo qualcosa di molto, molto sbagliato.

Quei due uomini non erano agenti della Polizia, e per loro – chiunque o qualunque cosa fossero – quello era un gioco, una qualche forma di mania, e che a pagarne le conseguenze sarebbe stata lei. Ne sarebbe uscita proprio male.

Capitolo 2

LA MATTINA DEL 18 OTTOBRE 1977 UN GRUPPO DI AGENTI della Polizia di Los Angeles si trovava vicino all'ingresso del Forest Lawn Memorial Park, il cimitero di Glendale, dove riposano le star di Hollywood, circondate da repliche delle statue di Michelangelo, in sezioni a tema con nomi come Inspiration Slope, Slumberland, Sweet Memories e Dawn of Tomorrow. Il suo fondatore, un imprenditore di San Francisco, noto come dottor Hubert Eaton, trovava che i cimiteri tradizionali fossero brutti e deprimenti e voleva crearne uno con un'atmosfera più ottimista, che fosse più in linea con le esigenze di Hollywood. Forse una cosa di gusto discutibile, ma tra chi aveva pagato ingenti somme di denaro per esservi sepolto c'erano stati Humphrey Bogart, Walt Disney, Errol Flynn e, più di recente, Michael Jackson.

La ragione di questo raduno di agenti dell'ordine era il corpo femminile nudo e senza vita disteso su una striscia d'erba sul lato di viale Forest Lawn Memorial.

Qualcuno ventilò l'idea che l'assassino, nell'abbandonarlo in quel punto, avesse voluto fare una sorta di proclamazione ironica. Quella tomba aperta, assieme all'ovvia modalità del decesso, non avrebbero potuto essere più in contrasto con la visione grandiosa della morte rappresentata al di là dei cancelli. Sembrava che il cadavere fosse stato letteralmente scaricato a terra: completamente nudo, con il viso rivolto verso il basso, le gambe rozzamente divaricate e le braccia che sporgevano formando angoli innaturali.

Sopra di loro il ronzio delle macchine che sfrecciavano sulla Ventura Freeway andava mescolandosi con quello prodotto dagli insetti. A pochi metri dal corpo, piantato nel terreno, c'era un cartello che recitava 'vietato bighellonare'.

Dopo aver esaminato il terreno circostante, i detective raggiunsero una conclusione diversa. Presero posizione sulla cima del pendio e lo seguirono con lo sguardo fino al punto in cui giaceva la giovane donna. Le alterazioni nella disposizione dell'erba e degli arbusti sembravano suggerire che il corpo fosse stato gettato dall'alto, da un veicolo sull'autostrada. Poi era rotolato giù per il pendio e si era fermato vicino al lato del viale. La collocazione non aveva alcuna importanza; era semplicemente il punto in cui era atterrato dopo essere stato lanciato fuori da un'auto, come l'involucro di un cheeseburger di McDonald's.

Sul corpo era rimasto solo un pezzo di stoffa intorno al collo, chiaramente lo stesso con cui era stata strangolata, che probabilmente le era stato strappato dai vestiti. Voltando il cadavere, gli agenti notarono subito dei solchi profondi intorno alla gola: anelli chiari e nitidi che attestavano l'uso di una grande forza e una morte piena di agonia. I vasi sanguigni rotti avevano riempito gli occhi di petecchie.

Chi era quella ragazza? Da dove veniva? Non avevano quasi nulla su cui lavorare. Il corpo era stato spogliato di ogni avere, di qualsiasi indumento o gioiello utile per l'identificazione, di qualunque indizio che potesse collegarla al suo assassino. Era come se su quella collina fosse stato esposto un neonato. Avrebbe potuto essere chiunque, poteva essere arrivata da qualsiasi parte. Qualcuno fece notare anche che, essendo stata scaricata dall'autostrada, la vittima avrebbe potuto non essere nemmeno di Los Angeles, tantomeno del quartiere in cui si trovavano.

Un cadavere abbandonato presenta sempre delle difficoltà. Sulla scena del crimine, su di esso o nei dintorni, c'è quasi sempre qualcosa che lo collega al suo assassino. In questa situazione invece non c'era assolutamente niente.

L'ispettore del coroner fece un controllo approssimativo dell'ora del decesso rilevando prima la temperatura del suolo e poi quella del fegato, inserendo una sonda nel corpo. Dopo il decesso, la temperatura dell'organismo si abbassa a una velocità di circa un grado e mezzo ogni ora fino a raggiungere quella dell'ambiente circostante. I detective stimarono che quella giovane donna fosse morta la sera prima sul tardi, probabilmente tra le dieci e la mezzanotte.

Seguendo le procedure consuete, divisero l'area in una griglia da esaminare minuziosamente in cerca di prove, ma secondo l'istinto degli investigatori quella ricerca si sarebbe rivelata infruttuosa, ed ebbero ragione. Recuperarono solo cose che si trovavano in quel posto già prima che il corpo fosse scaricato. Andarono anche di porta in porta nelle immediate vicinanze per scoprire se qualcuno conoscesse la vittima o avesse visto qualcosa di sospetto ma quel tentativo non fornì alcuna informazione.

A uccidere Yolanda era stato il suo lavoro, ma quella fu anche l'unica cosa che permise di identificarla. Aveva precedenti per adescamento, quindi negli archivi della contea venne trovata una corrispondenza per le sue impronte digitali.

In seguito l'autopsia avrebbe rivelato che all'interno del corpo vi erano tracce di sperma provenienti da due individui diversi. Naturalmente non c'era stato modo di stabilire se anche uno solo di quei residui appartenesse allo stesso individuo che l'aveva uccisa. Dai risultati delle analisi dei campioni, tuttavia, risultò che uno dei due uomini era un 'non-secretore', termine con cui s'indica una persona il cui gruppo sanguigno non può essere determinato dal liquido seminale.

Gli agenti non si soffermarono a considerare le implicazioni di quei risultati, o di qualsiasi altro elemento legato al caso. Una volta risolto il mistero dell'identità di Yolanda, avevano perso ogni interesse.

A Los Angeles le prostitute morivano in continuazione e i casi di omicidio da risolvere erano già troppi. Le guerre tra gang si stavano intensificando e il decennio stava volgendo al termine – un termine che avrebbe visto Los Angeles proclamata informalmente la capitale mondiale dell'omicidio, con gli obitori che facevano fatica a stare dietro ai corpi da analizzare.

Quanto alle puttane, l'omicidio era considerato un rischio del mestiere: un cliente diventava troppo violento, o c'era un conflitto sul pagamento, e *boom*, ci scappava il morto. Per amor di buon senso, se volevano stare al sicuro, non avrebbero dovuto fare quel lavoro in primo luogo.

Il caso era ufficiosamente chiuso.

Naturalmente, per la Polizia, la scelta di dedicare risorse scarse o inesistenti agli omicidi delle prostitute poggiava sul presupposto che con ogni probabilità gli uomini che uccidevano quel tipo di donne non sarebbero stati una minaccia per il resto della comunità.

L'omicidio di Yolanda non era mai stato riportato, per cui la sua amica Lois Lee ne venne a conoscenza soltanto quando alcune delle altre ragazze, tremando e con gli occhi sbarrati, le dissero che Yolanda era stata trovata strangolata fuori dal cimitero accanto alla Ventura Freeway.

Quelle ragazze Lois le considerava al tempo stesso

una sua responsabilità e una materia di studio. Era una ricercatrice nell'ambito del traffico sessuale ed era anche a capo della CAT, la California Trollops Association, un'organizzazione che si occupava di fornire servizi di previdenza sociale e assistenza legale alle prostitute.

Era bizzarra, andava in giro per Hollywood con la sua penna e il suo taccuino e osservava la vita locale come se fosse fauna autoctona. O almeno, quello era il modo in cui aveva iniziato. Nel 1976 Lois si era iscritta ad un programma di dottorato in sociologia e stava preparando una tesi incentrata sulla prostituzione di strada a Los Angeles.

Da principio il suo percorso sembrava chiaro. Avrebbe seguito i dettami della sua disciplina e sarebbe rimasta neutrale e obiettiva, avrebbe raccolto dati per conto di varie agenzie, documentato la sottocultura e scritto una relazione conclusiva.

Col passare del tempo, però, le cose erano diventate confuse. Si stava avvicinando troppo ai suoi soggetti. Cominciò a chiedersi se il suo futuro fosse nel campo della ricerca o in quello del sostegno.

Per lei quelle che affollavano le strade di Hollywood non erano solo prostitute ma donne in carne e ossa. Conoscendole arrivò ad affezionarsi a loro come sorelle, madri e amiche. E più si avvicinava e più le ragazze le permettevano di entrare nel loro mondo, tanto più cresceva la rabbia che provava, perché per loro non c'era alcuna giustizia quando subivano violenza, persino quando venivano uccise dai clienti e dai papponi. Quando morì Yolanda, con la Polizia che mostrava un interesse a dir poco scarso nella ricerca del responsabile, quella rabbia venne fuori di nuovo.

Lois si chiese se l'assassino di Yolanda potesse essere stato un pappone, ma anche così probabilmente ci sarebbe dovuto essere qualche altro motivo. Quello che era successo a Yolanda era stato crudele, brutale. Capitava sicuramente che le prostitute fossero vittime delle guerre tra i papponi di Los Angeles, ma il più delle volte venivano picchiate o venivano mandate indietro con un paio di ossa rotte per comunicare che era ora di cambiare zona. Ucciderle sarebbe stato eccessivo e completamente insensato. Le ragazze erano un prodotto, una fonte di sostentamento. Anche se il prodotto apparteneva a qualcun altro, distruggerlo sarebbe stata una specie di grave trasgressione dell'etica professionale e del tutto controproducente.

Anche se alla Polizia non importava chi aveva ucciso Yolanda, per Lois era diverso. Non voleva che altre donne fossero maltrattate o uccise dallo stesso criminale misterioso. Decidendo per un approccio proattivo, andò a parlare con una sua conoscenza alla Questura di Los Angeles.

L'agente fu gentile ma inflessibile.

«Signorina Lee, qui siamo oberati di lavoro! Non possiamo dare più priorità a questo caso, con tutti gli omicidi di cui ci stiamo occupando.»

Lois arricciò le labbra in una smorfia. Conosceva il significato di quelle parole. Erano semplicemente un codice per 'non siamo interessati a indagare'.

Era sempre la stessa storia: erano già abbastanza gravi gli episodi di brutalità e le molestie compiute ai danni delle ragazze dai poliziotti stessi – che pure erano tollerate dai piani alti –, a loro non importava nemmeno quando venivano commessi dei crimini. La prostituta era vista come una criminale, non come una vittima.

Lois sapeva che non avrebbero mai preso in considerazione il fatto che, di solito, quelle ragazze entravano nel giro quando avevano più o meno l'età delle loro stesse figlie; che molte di loro erano state violentate e picchiate dai loro stessi padri, e che di conseguenza, per loro, ricevere un compenso era davvero un ottimo affare, perfino un miglioramento della loro condizione. Non dovevano più rimanere a letto ad aspettare l'arrivo di papino, era solita dire Lois; potevano prendere controllo dell'abuso sessuale e chiedere di essere pagate in cambio.

Lois provò a pungolare il detective un po' più a lungo, ma questi continuò a fare resistenza e lei finì per battere in ritirata, crogiolandosi nel cinismo e nel risentimento.

La Polizia non era affatto incline ad aiutarla. In quel periodo stava esaminando le migliaia di denunce nei confronti di prostitute che si stavano trasformando in controversie giudiziarie contro la Polizia di Los Angeles. Quelle azioni legali contestavano che gli sforzi delle autorità si concentrassero sulle ragazze e trascurassero l'arresto dei clienti che pagavano per i loro servizi. Negli anni Settanta l'approccio convenzionale della Polizia – un approccio che sarebbe sopravvissuto, sorprendentemente, nei quattro decenni successivi – consisteva quasi esclusivamente nell'arresto delle prostitute di strada da scaricare in una cella per la notte per poi aggiungere un altro reato minore alla lista dei loro precedenti. I clienti, anche se occasionalmente venivano fermati e messi un po' in imbarazzo, raramente ricevevano una punizione vera e propria, e i papponi non venivano arrestati e indagati quasi mai.

Le sfide legali lanciate da Lois alla Polizia erano sicuramente radicali per l'epoca, ma, di fatto, erano considerate poco più di una seccatura – e lei, al massimo, era vista come una spina nel fianco.

Capitolo 3

Il Fish n'Chips era un caffè dimesso e di dubbia fama per la sua cucina fast food in autentico stile britannico e quella del 30 ottobre 1977, al suo interno, era una serata normalissima. Attorno a un bancone pieno di graffi era riunita la collezione della solita gentaglia di Hollywood impegnata a bere caffè e raccontarsi a vicenda le proprie sventure.

Youngblood aveva avuto una brutta giornata, ma forse non peggiore del solito. Si era svegliato tardi ed era riuscito a trovarsi in una lite già prima del suo primo pasto. Erano settimane che un pagliaccio che gli doveva dei soldi tirava fuori delle scuse ridicole per ignorarlo e quindi lui, senza alcuna remora, lo aveva picchiato e gli aveva distrutto un gomito.

Ciò gli aveva permesso di scaricare momentaneamente un po' di tensione, ma non aveva risolto il suo problema più pressante, ossia quello della carenza di fondi, per cui diverse ore più tardi era ancora estremamente seccato. Non aveva un lavoro vero e proprio. Era più il tipo di persona che coglieva le occasioni che gli capitavano. Se qualcuno gli avesse chiesto qualcosa, si sarebbe proclamato un disc jockey o un cacciatore di taglie. Solitamente gli arrivavano lavori in una di quelle linee di lavoro. In ogni caso, inseguendo a volte una donna, a volte un lavoro e a volte un capriccio, aveva girato tutta l'America. Poi si era fermato a Los Angeles e negli ultimi tempi non aveva avuto né molto lavoro né molti soldi, ma aveva comunque offerto un caffè a Judy Miller.

La ragazza aveva quindici anni, era alta quasi un metro e sessanta e non pesava nemmeno quaranta chili. Youngblood temeva che se non avesse mangiato o bevuto qualcosa, sarebbe scomparsa del tutto.

Judy non si considerava una prostituta. La prostituzione era qualcosa cui ricorreva di tanto in tanto per procurarsi del cibo o un pugno di dollari. Era una questione di sopravvivenza, non di sostentamento. Se qualcuno non aveva soldi per pagarla, spesso lo accontentava gratuitamente. La Hollywood della fine degli anni '70 era ancora presa dalla filosofia dell'amore libero dell'era hippie. Solo che in quel periodo aveva assunto un tono meno pulito ed elevato.

D'altronde Judy si sentiva sola e alle volte voleva solo sentirsi vicina a qualcuno. Crescendo non aveva mai avuto niente che potesse suggerirle di avere diritto a una qualche forma di sicurezza o a un senso di appartenenza. La famiglia di Judy era povera e non poteva permettersi il lusso di preoccuparsi di una figlia quasi adulta. Quindi aveva abbandonato la scuola, era scappata e, come tanti altri prima di lei, era stata sedotta dalle false promesse di Hollywood ma non aveva trovato né soldi, né fama, né tantomeno un lavoro, solo persone con le quali era in grado di rapportarsi, persone come lei, perse e danneggiate.

La vita di Judy era una merda, eppure quello stato in realtà era il migliore in cui si fosse mai trovata, per cui quando Youngblood le aveva fatto capire che gli sarebbe piaciuto fare un giro di giostra, anche se non poteva pagarla, lei lo seguì volentieri nella stanza fatiscente del suo hotel, il Gilbert sulla Wilcox.

Dopo lui si era sentito in colpa. Non perché avesse

fatto qualcosa di sbagliato, ma perché Judy aveva davvero bisogno di soldi. Aveva bisogno di cibo. Stava sopravvivendo a stento. Se ne rese conto sul serio nel guardarla rivestirsi, contandole le costole. Non aveva nemmeno un set di biancheria intima completo, allora lui le aveva lanciato un reggiseno lasciato lì da una sua ex.

Judy era una ragazza dall'aspetto afflitto e ordinario, con i capelli rossi, lisci, e un viso lungo e magro che le accentuava la grandezza spropositata dei suoi occhi. Non era una di quelle persone per le quali avrebbe attraversato tutto il paese, ma le voleva bene, a modo suo. Youngblood aveva detto a Judy che l'avrebbe portata fuori a mangiare un boccone.

I due camminarono lentamente lungo Sunset. Una coppia mal assortita, lei così minuta e lui così alto, con le spalle larghe e i lineamenti secchi accentuati dal giubbotto di pelle e dai capelli biondi e unti tirati in una coda di cavallo. All'interno di Carney's Diner, un vagone ferroviario trasformato in ristorante su Sunset, Judy aveva annientato un hot dog.

«Devo trovarmi un cliente» disse.

«Sei sicura? Posso prendertelo io un altro hot dog. Sono buoni, vero?»

Judy abbassò lo sguardo e strinse le labbra.

«Devo andare. Devo trovare un cliente.»

Youngblood aveva la bocca piena. Alzò le mani in un muto gesto di sconfitta. Judy uscì dal locale e prese a girare intorno a una zona del parcheggio.

Youngblood continuò a guardarla dall'interno della tavola calda. Gli faceva un po' pena, lì da sola al buio, così esile e fragile. Sembrava che il vento avrebbe potuto spazzarla via in qualsiasi momento.

Ma non passò molto tempo prima che arrivasse qualcuno. Youngblood vide l'uomo attraverso il finestrino di una grande macchina di colore blu scuro; aveva i capelli folti e un naso grosso, gli occhi scuri e la pelle olivastra. Poteva essere portoricano, o forse italiano.

Judy scambiò alcune parole con quell'uomo attraverso il finestrino, poi raggiunse il lato del passeggero e salì in macchina. Youngblood seguì l'automobile con lo sguardo mentre si allontanava lungo Sunset, svoltava verso sud e scompariva giù per la collina.

La cosa lo fece sentire meglio. Scacciò le briciole di hot dog dalla barba con un fazzoletto, se ne tornò a casa e per un po' di tempo non pensò più a Judy.

La mattina di Halloween, il 31 ottobre, Chuck Koehn salì in macchina dopo essersi lasciato alle spalle la porta della sua abitazione sul viale di Alta Terrace, a La Crescenta, sulle colline a nord di Glendale. L'intensa routine giornaliera di Koehn lo vedeva uscire da casa ogni mattina alle quattro per andare a lavorare nel suo negozio di elettronica. Verso le sei tornava a casa per fare una doccia e fare colazione, poi riprendeva la giornata di lavoro.

Era ancora buio pesto quando Koehn era uscito dal parcheggio e si era avviato silenziosamente lungo la strada. Se il cielo fosse stato più chiaro, forse avrebbe avuto modo di vedere il cadavere della ragazza nuda che giaceva su un'aiuola vicino al marciapiede davanti al numero 2833 di Alta Terrace. Per come stavano le cose, tuttavia, la ragazza passò inosservata e rimase lì distesa fino al suo ritorno, alle sei, quando la luce dell'alba era arrivata a illuminare una sagoma pallida e inconfondibilmente umana sul ciglio della strada.

Koehn fermò la macchina per rimettere a fuoco e assicurarsi di avere effettivamente visto ciò che gli era parso di aver visto.

Ebbene sì. Una ragazza minuta, completamente

nuda, era distesa a terra tra gli arbusti, proprio sul ciglio della strada.

Koehn non sapeva ancora che la ragazza era morta. Poteva essere svenuta per via dell'alcol, oppure per un'overdose. In ogni caso, la situazione era completamente surreale. La Crescenta era un quartiere abitato da famiglie della medio-borghesia e si trovava sul confine nord-orientale della regione, lontano dai vizi e dalla degenerazione che avevano colpito la parte centrale di Los Angeles negli ultimi anni. La gente si era trasferita lì per allontanarsi da cose del genere.

Koehn scese dalla macchina e si accostò per dare un'occhiata più da vicino. La vista degli anelli che le solcavano il collo e della sfumatura bluastra della sua pelle gli fecero sussultare lo stomaco.

Quella ragazza era morta. Era stata assassinata.

Con mani impacciate e tremanti, Koehn parcheggiò la macchina e fece il giro della casa per recuperare un telo dal cortile sul retro, poi tornò sul posto e coprì il cadavere.

———

Una squadra del Dipartimento dello sceriffo, guidata da un ispettore navigato, si diresse verso La Crescenta. La stazione aveva ricevuto una telefonata da parte di qualcuno che aveva blaterato a proposito del cadavere di una ragazza nuda sul ciglio di una strada suburbana.

L'uomo era davvero agitato.

«È sdraiata lì, come se niente fosse» aveva biascicato, con la voce spezzata. «A pochi metri da casa mia!»

Frank lavorava per la Omicidi da diversi anni. Si era trasferito dal dipartimento Reati contro la persona e aveva fatto la sua gavetta, per raggiungere quella posizione. Aveva completato il periodo di servizio obbligatorio come agente di custodia, affiancando tutti gli aspiranti sceriffi, poi era stato preso come nuova recluta alla stazione Est di Los Angeles – la più problematica di LA – e finalmente era arrivato al grado di sergente con la divisione narcotici.

Ma aveva sempre voluto essere un investigatore della Omicidi. Per come la vedeva lui, era lì che si trovava la vera azione. Il nettare della giustizia. Il lavoro che faceva la differenza. E aveva la fama di essere uno dei migliori. Lavorava sodo e aveva un'energia implacabile, era mosso da uno spirito inquisitorio e dalla passione per il metodo. In lui non c'era niente di appariscente.

Non lo sapeva ancora, ma stava per diventare il più famoso poliziotto della Omicidi di Los Angeles.

———

Ad occhio e croce, Koehn gli era parsa una persona normalissima. Non faceva suonare nessun campanello d'allarme. Ma di quei tempi non si poteva essere sicuri di niente.

«Investigatore Frank Salerno» disse, stringendo la mano di Koehn. «Lo ha messo lei questo qui?»

Fissò il telo che ricopriva una massa indistinta per terra.

«Sì» rispose Koehn, agitato. «Cos'altro avrei potuto fare? Qui ci sono donne, ci sono ragazzi e bambini che si alzano per andare a scuola.»

«Non fa nulla…»

Tra sé e sé, tuttavia, Salerno era amareggiato. Era possibile che, coprendo il corpo con un telo, Koehn avesse contaminato la scena del crimine. Ma Salerno poteva certamente capire perché lo aveva fatto. Quella cosa era ben al di là dei confini della sua esperienza ed era completamente sconvolto.

Era una brava persona, un uomo di famiglia. Il suo primo istinto, dopo aver visto il cadavere, era stato quello di nasconderlo alla vista.

Frank sollevò il telo con cautela, cercando di evitare la perdita di potenziali elementi di prova. Osservando la vittima, l'investigatore comprese subito che non si trattava di un omicidio *normale*, se mai un omicidio poteva definirsi tale. Non era stato commesso per qualche causa, o in quanto mezzo per raggiungere un fine. Era probabile che il movente fosse almeno in parte l'esperienza stessa.

I segni di strangolamento che circondavano il collo erano chiari e profondi, a indicare che era stata usata una grande forza. Il fatto che i segni fossero numerosi, inoltre, suggeriva la possibilità che l'assassino si fosse preso il suo tempo e che avesse lasciato che la vittima riprendesse conoscenza più volte prima di estinguere definitivamente la sua vita.

Altri segni meno marcati intorno ai polsi e alle caviglie suggerivano che la vittima avesse vissuto quel calvario legata o ammanettata.

Una morte davvero orribile.

Quella ragazza non doveva avere più di sedici anni e pesare non più di quaranta chili. Aveva le gambe divaricate con le ginocchia leggermente sollevate, le braccia ad angolo e le mani nascoste sotto il corpo.

La posizione aveva qualcosa di osceno, come se il cadavere fosse stato preparato per un rapporto sessuale.

———

A quella conclusione erano giunti alcuni dei giornalisti accorsi quella mattina sul viale di Alta Terrace in cerca di un'esclusiva sullo strano ritrovamento del cadavere nudo di un'adolescente in una zona residenziale. Per loro la scena del crimine aveva un movente palesemente sessuale.

Jim Mitchell, un giornalista investigativo e non solo di Radio KFWB, era arrivato lì senza alcun briefing sulla situazione, sapeva solo che era stata trovata una vittima di omicidio di sesso femminile. Anche Mitchell, come Salerno, stava per lasciare il proprio segno nel mondo grazie al fatto di essersi trovato coinvolto in un caso storico. In seguito la sua copertura della vicenda avrebbe giocato un ruolo fondamentale nel portare gli omicidi all'attenzione del pubblico.

Mitchell aveva molta esperienza giornalistica con gli omicidi e nel corso della sua vita aveva visto un discreto numero di cadaveri, ma, quando fissò lo sguardo sulla ragazza morta, mosse silenziosamente le labbra come a dire: *ma che cazzo*. Il corpo era lì, nudo, sdraiato su un vialetto, circondato da villette residenziali.

Nell'insieme l'immagine sembrava avere un qualcosa di religioso, quasi sacrificale. Guardando il corpo fu colpito dal modo in cui gli occhi venivano attratti per prima cosa verso il pube e le braccia erano spiegate quasi in un gesto di supplica.

Non aveva mai, in tutta la sua esperienza, visto niente del genere.

Si rivolse a uno degli agenti.

«Pensa che possa trattarsi di qualche psicopatico?»

«Uhm, sì» fu la risposta secca.

La mente di Salerno, con la sua forgiatura forense, si mosse in un'altra direzione. Si poteva avere l'impressione che la ragazza fosse stata sistemata in quel modo intenzionalmente, ma era molto più probabile che il corpo fosse caduto a terra in quella posizione perché lasciato cadere lì da due persone: una che lo trasportava per le braccia, l'altra che aveva la presa sotto le gambe. Le mani erano rimaste sotto il corpo mentre toccava terra. Non c'era alcun segno di trascinamento, né sul corpo né sull'aiuola di piante grasse lungo il bordo del marciapiede. La cosa aveva suggerito a Salerno che il corpo doveva essere stato scaricato da due persone.

E c'era anche dell'altro. Una parte della pianta, dalla parte opposta rispetto ai piedi della vittima, era stata urtata ed era rimasta piegata all'indietro rispetto al marciapiede. Salerno immaginò che uno degli uomini potesse averla spinta indietro con i piedi mentre trasportava la ragazza.

Chiese a Koehn se ricordasse se la pianta fosse già piegata in quel modo il giorno prima. Koehn era sicuro che non lo era stata. Rispose che lo avrebbe notato. Lui e i suoi vicini erano il tipo di gente che tiene molto alle proprie case.

Chinandosi per avvicinarsi ancora, Salerno notò qualcosa di molto piccolo sulla palpebra della vittima. Qualcosa come dei pelucchi; una specie di fibra. Il loro significato era ancora un mistero, ma seguendo regolarmente la procedura, l'investigatore li rimosse con un paio di pinzette e li imbustò come prova forense.

Più tardi, riflettendo sulla giornata, Salerno arrivò alla conclusione che la cosa che gli aveva fatto più impressione di tutta la scena era stata probabilmente la stessa che aveva scosso così tanto Charles Koehn. Chiunque sarebbe stato scosso, se fosse stato il suo quartiere.

Il viale di Alta Terrace confluiva da un lato nel Boulevard de La Crescenta, ma l'altra estremità era un vicolo cieco. Appena più in alto, sulla collina, c'era una boscaglia fitta e buia. Un luogo ideale per nascondere un corpo, se si desiderava farlo.

L'assassino, o gli assassini, non avevano tentato affatto di nascondere il corpo. Volevano che venisse trovato. Volevano spaventare la gente.

Capitolo 4

Erano trascorsi diversi giorni e nessuno aveva denunciato la scomparsa della ragazza. Sull'*Herald Examiner* venne inserito lo schizzo fatto da un artista, nella speranza che qualcuno si facesse avanti con delle informazioni. Ma nessuno lo fece.

Nel frattempo le indagini del coroner avevano indicato che la vittima era stata strangolata intorno a mezzanotte, circa sei ore prima del ritrovamento.

Era stata violentata e sodomizzata. Sul viso della ragazza vennero trovate tracce di colla, ad indicare l'uso di un nastro adesivo come bavaglio. Tutto puntava nella direzione di un possibile attacco di un sadico, di una sorta di 'psicopatico' a piede libero, come aveva detto Mitchell.

Ma rimaneva la possibilità che questa vittima fosse una prostituta, come Yolanda, che le tracce d'imbavagliamento e imprigionamento facessero parte di uno scenario sessuale consensuale tra lei e un cliente, e che la ragazza fosse stata uccisa per ragioni completamente diverse. Non era certo una cosa insolita che alle prostitute venisse richiesto il bondage. In quel momento non c'era alcun sentore della connessione tra i due casi, nonostante le somiglianze nel *modus operandi*. A occuparsene erano due unità separate, e comunque, per lo meno inizialmente, le opinioni degli investigatori si stavano muovendo nella stessa direzione: la vittima era una persona che stava sulla strada ed era rimasta vittima dello stile di vita che aveva scelto.

Poiché nessuno si era fatto avanti per assistere nell'identificazione, Salerno ipotizzò che la vittima fosse scappata da casa, attirata da Hollywood come tanti altri ragazzi ogni anno. L'età e la malnutrizione suggerivano la stessa conclusione. Si riversavano in città in un flusso continuo, solitamente fuggendo da situazioni domestiche abusive o disperate e sempre alla ricerca di qualcosa – a volte fama, a volte ricchezza o significato – per poi scoprire immancabilmente che a nessuno importava niente di loro o dei loro problemi. Da lì l'inevitabile degenerazione verso la criminalità, la droga, la prostituzione. I genitori di Judy probabilmente non si erano fatti avanti perché erano lontani, in un'altra contea o addirittura in un altro stato. Forse non la stavano cercando. Forse non esistevano nemmeno.

Così, seguendo il suo intuito, Salerno raggiunse Hollywood Boulevard fuori dall'orario di lavoro, in abiti civili, e iniziò a mostrare lo schizzo dell'artista alla gente del posto. Salerno sperava di trarre informazioni da tossicodipendenti, spacciatori, motociclisti e prostitute: non esattamente il tipo di gente più disponibile a collaborare con la Polizia. Era un uomo molto simile a Charles Koehn, il padre di tre ragazzi a cui piacevano il calcio e la pesca, per cui non aveva particolarmente voglia di passare il tempo libero a socializzare con gli abitanti di Hollywood, ma risolvere un caso significava anche sviluppare rapporti di fiducia con i testimoni; e quindi andò, rivolgendosi a tutti con rispetto e mantenendo un approccio discreto. Un punto a suo favore era che a vederlo non sembrasse affatto uno 'sbirro'. Portava gli occhiali, aveva un'aria pensierosa e una vago aspetto da gentiluomo; indossava abiti sportivi, per niente alla moda, e avrebbe potuto essere scambiato facilmente per un insegnante o per un bibliotecario. I 'testimoni' che cercava probabilmente lo avevano scambiato per un turista che si era perso nella parte sbagliata della città.

Continuava a sentire lo stesso nome: Judy. Dicevano che era scappata da casa, proprio come aveva sospettato. Un paio aveva accennato al fatto che questa Judy frequentava spesso il Fish n' Chips sul Boulevard. Quella fu la sua fermata successiva.

In un angolo c'era un tavolo, dove sedeva un ragazzo bello in carne, con i capelli biondi e unti legati in una coda di cavallo. Aveva diversi tatuaggi e indossava una giacca di jeans con le maniche strappate. Per strada lo chiamavano Youngblood, ma al detective diede il suo vero nome: Markust Camden.

Quando vide la foto annuì.

«Sì, l'ho vista. Proprio qui, pochi giorni fa, forse una settimana. Che cosa è successo?»

Salerno spiegò che quella ragazza, se si trattava della stessa persona, era morta – era stata assassinata –, ma omise la maggior parte dei dettagli. Voleva che Markust gli spiegasse esattamente quello che era successo l'ultima volta che l'aveva vista.

Alla notizia gli occhi di Markust si erano allargati quasi impercettibilmente, per poi ricomporre subito la sua faccia da poker.

«Beh, niente di che. Vediamo un po'… era lunedì. Eravamo in gruppo ed eravamo seduti proprio lì a quel tavolo. Io le ho offerto un caffè e lei è andata via verso le nove o le dieci. Tutto qui.»

Salerno ebbe l'impressione che Camden fosse un po' evasivo. In lui c'era una punta di malcelato nervosismo. L'istinto diceva a Frank che Camden era il tipo di testimone che rientrava nella particolare categoria di chi probabilmente non era direttamente coinvolto, ma nemmeno sincero al cento per cento.

Glielo dicevano i suoi occhi. Avevano una venatura di timore, di preoccupazione, forse una sorta di orrore esistenziale. Quella che aveva davanti era una persona triste, un uomo sensibile. Aveva l'impressione che l'assassino di Judy fosse un tipo molto diverso: freddo, calcolatore. Completamente privo di paura.

Salerno dubitava sinceramente che quella fosse la persona che stava cercando, ma qualcosa gli diceva anche che sapeva più di quello che aveva detto. Gli diede il suo biglietto da visita e gli chiese di chiamarlo se gli fosse venuto in mente qualcos'altro.

Camden, ovviamente, aveva tutti i motivi per essere circospetto. Se Judy era stata assassinata quella notte dopo essere stata a letto con lui, la cosa avrebbe potuto fare di lui un sospetto. E l'ultima cosa di cui aveva bisogno nella sua vita erano altri drammi.

———

Dopo aver trascorso un altro po' di serate a setacciare le strade di Hollywood in cerca d'informazioni, Salerno riuscì finalmente a rintracciare i genitori di Judy Miller. In realtà non erano lontani; alloggiavano presso l'Hollywood Vine, un albergo fatiscente nel vecchio quartiere dei teatri, praticamente a due passi dal Fish n' Chips. Nonostante la vicinanza, Judy non aveva sentito il bisogno di tornare a casa e loro, a quanto pare, non avevano pensato di cercarla.

La famiglia era composta da quattro persone – la madre di Judy, il padre e due bambini piccoli – che vivevano in un'unica stanza cosparsa di cibo avariato e pannolini sporchi. L'aria era impregnata di fetore di latte acido, muffa e feci.

Dato che le loro condizioni di vita erano paragonabili a quelle di una zona di guerra in Medio Oriente, Salerno non fu particolarmente sorpreso per la loro reazione impassibile davanti alla notizia della morte della figlia. Il signor Miller si era limitato ad annuire.

Essendo lui stesso un padre di tre figli, Frank non

riusciva a capire come alcuni genitori potessero restare indifferenti quando ai loro figli accadeva qualcosa di così terribile. Ma era facile giudicare da una posizione privilegiata. I Miller chiaramente vedevano la vita come una qualcosa che si otteneva e si perdeva con altrettanta facilità. Per loro l'assenza di Judy prima e la sua morte poi significavaro una bocca in meno da sfamare.

Il signor Miller identificò Judy dalle foto del coroner e per Salerno quella fu l'unica cosa positiva di tutto l'incontro. Ora che l'identità della vittima era stata portata alla luce, quella parte del suo lavoro era terminata. In realtà sperava di non doversi più fermare a riflettere sulle miserie della vita e della morte di Judith Lynn Miller.

Poteva permettersi di essere ottimista. D'altra parte, non era stato stabilito nessun collegamento immediato tra lei e la vittima di omicidio trovata vicino al cimitero. Tra il Dipartimerto dello sceriffo e la Polizia di Los Angeles prevaleva un'atmosfera di rivalità e di competizione, e la condivisione delle informazioni tra i due enti non era affatto un punto di forza, anche se qualcuno avesse mostrato interesse a confrontare gli appunti sui due casi. Gli agenti della Polizia di Los Angeles non dovevano sottomettersi agli stessi rigorosi standard di formazione ed esperienza dei detective dello sceriffo, per cui questi ultimi tendevano a guardare i primi dall'alto verso il basso. Il battesimo del fuoco di Salerno era stato il suo primo anno da guardia carceraria e quello era il requisito minimo per tutti gli sceriffi. La Polizia non sopportava di vedere messo in discussione il proprio status e controbatteva che i suoi agenti avevano più esperienza pratica nella gestione della criminalità pesante. Questi battibecchi promuovevano una divisione che rendeva arduo collaborare per risolvere casi che attraversavano le giurisdizioni.

Ad ogni modo, anche se la Polizia fosse stata in grado di riconoscere dei nessi tra i *modi operandi* dei due omicidi, questi, presi nel loro insieme, sarebbero apparsi comunque come degli eventi casuali tra i tanti omicidi perpetrati contro la gente di strada. Queste persone tendevano ad andare incontro a morti premature e violente proprio per mano della compagnia che intrattenevano, la cosa non era considerata affatto insolita.

Tutte queste supposizioni, tuttavia, stavano per essere sbrogliate.

Capitolo 5

LISSA ERA UNA DANZATRICE PROFESSIONISTA, MA QUELLO era un periodo strano nella sua vita di transizione, e lei se la stava cavando alla bell'e meglio, pagando le bollette con un lavoro da cameriera.

Per gran parte dell'ultimo anno non si era sentita affatto in forma, e in via provvisoria non stava prendendo parte né alle prove né alle esibizioni delle L.A. Knockers. Erano una compagnia di ballo locale decisamente bizzarra, che abbinava costumi e mosse tipiche della disco, camp e stravaganti, con elementi di comicità da cabaret. Una rassegna stampa recitava: 'Gag comiche e glutei luccicanti'.

Lissa aveva formato il gruppo insieme a altre due amiche danzatrici, Jennifer Stace e Yana Nirvana. Erano diventate sempre più popolari nei club di Los Angeles e assistere a quella crescita di successo aveva riempito Lissa sia di orgoglio sia di malinconia. Chi danzava doveva essere sempre perfettamente in forma, ma lei negli ultimi tempi aveva cominciato a soffrire d'ipoglicemia ed era ingrassata. Allora le sue priorità erano diventate il riposo e un'alimentazione attenta, e presto avrebbe ricominciato da capo e sarebbe volata a San Francisco, dove era stata ammessa a una scuola di arti performative. Era da un po' di tempo che Los Angeles aveva smesso di funzionare per lei, sotto una serie di punti di vista. Confidava nel fatto che a San Francisco il cambio di scena e il ritorno ad attività più significative le avrebbero dato la spinta di cui aveva tanto bisogno.

Il 5 novembre Lissa stava finendo il suo turno all'-Healthfaire Restaurant di Vine Street, uno dei tanti ristoranti vegetariani di tendenza che negli ultimi anni erano apparsi in giro per Los Angeles.

Aveva intenzione di tornare a casa in fretta. Doveva partire un paio di giorni dopo e doveva ancora finire di preparare le valigie e sgomberare il suo appartamento. Quella sera non stava pensando ad altro che alla sua stanchezza e alle mille cose da fare. Salì sul suo Maggiolino verde e uscì da Vine in direzione Highland, svoltò a destra su Franklin Avenue e proseguì verso il sottopassaggio della Hollywood Freeway.

A un certo punto, su Franklin Avenue, cominciò ad acquisire una vaga consapevolezza che quella che sembrava un'auto della Polizia, bianca in alto e scura in basso, la stesse seguendo. Tuttavia si trovava a una certa distanza, e quelle erano strade trafficate, quindi Lissa non pensò affatto di essere tallonata.

Svoltò in Argyle Avenue e la vettura le andò subito dietro. All'incrocio di Dix Street, vicino al suo condominio, notò che l'auto della Polizia le stava facendo segno lampeggiando. Si fermò e spense il motore.

Nell'oscurità, mentre Lissa recuperava la borsa e alcune cose dall'auto, si avvicinò una coppia di agenti in uniforme. Uno dei due indirizzò la luce della torcia attraverso il finestrino del conducente e fece un gesto con il dito per indicarle di abbassarlo.

«Polizia, signorina. Patente e libretto, per favore.»

Con il fascio di luce che la colpiva dritto negli occhi, Lissa non riuscì a distinguere bene il viso dell'uomo. Strizzò gli occhi e prese a frugare nella borsa alla ricerca della patente, chiedendosi cosa avesse fatto per spingerli a fermarla. Dopo aver trovato il documento, lo diede al poliziotto, che a quel punto le fece il piacere di toglierle la torcia dal viso per illuminare il documento, che prese ad esaminare pensieroso.

A quel punto Lissa si rese conto che si trattava di un ragazzo, probabilmente sui venticinque anni. Capelli corti e scuri e un paio di baffi. I suoi tratti erano affascinanti secondo i canoni comuni, anche se leggermente duri, ed erano rovinati solo da una manciata di cicatrici da acne molto visibili intorno al collo e alla parte inferiore delle guance. Gli occhi erano di un azzurro intenso.

Lissa volle sapere di cosa si trattava. Non aveva fatto niente di male. Sapeva guidare bene. Era abbastanza sicura di non essere mai passata con un semaforo rosso o cose simili.

Tuttavia l'uomo ignorò completamente la sua domanda, come se non l'avesse affatto sentita parlare. Si limitò a passare la patente all'altro, il poliziotto più anziano. A quest'ultimo mancava tutto il fascino che possedeva il primo Aveva una chioma di capelli neri, ricci, e un aspetto selvaggio.

Il poliziotto più anziano scrutò la patente di Lissa sotto la luce della torcia. Poi i due si scambiarono un'occhiata, come se stessero scambiando un muto segnale di accordo.

«Scenda dalla macchina, per favore» disse il più giovane, con tono tranquillo ma deciso.

Lissa protestò. Dovevano dirle di cosa diavolo si trattava. Che stronzata! Non aveva fatto niente di male.

«Le domande qui le facciamo noi, signorina. Ma dal momento che me lo ha chiesto così gentilmente, le dirò che ci sono stati dei problemi dalle parti di Vine e Highland. Una rapina. La sua macchina è stata vista allontanarsi dalla scena.»

Lissa, sbalordita, si affannò per spiegare: lavorava lì vicino, aveva appena finito il suo turno come cameriera all'Healthfaire, non aveva assolutamente niente a che fare con una rapina, e aveva fretta di tornare a casa perché doveva prendere un aereo.

Il poliziotto giovane le assicurò cordialmente che avrebbero chiamato il gestore del locale dove lavorava e sistemato ogni cosa. Ma nel frattempo avrebbe dovuto seguirli alla stazione di Polizia.

Lissa credeva di non avere molta scelta, doveva semplicemente fare quello che le chiedevano. Poteva passare tutta la notte ferma lì con quelli dall'altra parte del finestrino, oppure poteva scendere. Ma qualcosa le diceva di non farlo.

Il poliziotto più giovane le disse di lasciare la borsa a terra, la spinse contro il fianco della macchina e la perquisì mentre quello più anziano prese a frugare nella borsa. A quel punto – un'indicazione, forse, del suo crescente allarme – Lissa disse in tono remissivo che li avrebbe accompagnati volentieri alla stazione, ma che non sarebbe servito a nulla perché non aveva niente da dire.

«Silenzio» disse il più giovane dei due. «Basta scenate. Finirà solo per svegliare il vicinato e peggiorare la sua situazione.»

La voce era bassa, ma si stava arrabbiando. Lissa notò che nei suoi occhi c'era qualcosa di strano. L'azzurro scintillante, probabilmente in assenza di fonti di luce sia interne sia esterne, era diventato nero.

La fecero salire nel retro della loro 'auto di pattuglia' bianca e nera, chiusero lo sportello alle sue spalle e nessuno l'avrebbe vista mai più in vita.

———

La sera successiva, il gestore dell'Healthfaire Restaurant si recò a lavoro e aprì la sua attività come sempre.

Era un po' preoccupato quando non vide arrivare Lissa in tempo per il suo turno. Era molto scrupolosa e se fosse stata malata, o se per qualsiasi motivo fosse stata in ritardo, l'avrebbe sicuramente chiamato.

Con il passare delle ore, senza alcun segno di Lissa e nessuna notizia da parte sua, quel lieve disagio si trasformò in preoccupazione. Compose il suo numero di casa, al quale non rispose nessuno, e poi telefonò al padre, Bernard Kastin, che era indicato come contatto di emergenza nella sua scheda professionale.

Secondo Bernard il manager aveva ragione a essere preoccupato. Anche se non sarebbe stato affatto da lei, il padre si chiese comunque se Lissa avesse saltato il lavoro perché tanto era sul punto di lasciare LA. Forse era a corto di tempo per i preparativi per San Francisco.

Decise di recarsi al suo appartamento. Stava guidando verso il suo complesso residenziale quando alla radio sentì una notizia che parlava del ritrovamento del corpo di una giovane donna a Glendale.

Secondo la descrizione la ragazza aveva avuto circa vent'anni e capelli lunghi, scuri e ricci. Bernard fu pervaso da una sensazione di malessere. L'istinto gli diceva che sua figlia era morta, ma la sua mente respinse l'idea. Si disse che andava tutto bene. Era solo una coincidenza. La ragazza che avevano trovato aveva solo un aspetto simile a quello di Lissa, ma sua figlia sarebbe stata viva e vegeta nel suo appartamento.

Arrivato lì, l'amministratore dell'edificio fece entrare Bernard.

Il letto era stato rifatto. Sul pavimento c'era una valigia aperta, parzialmente pronta per il volo per San Francisco. Sembrava che Lissa non fosse ancora rientrata dalla sera prima.

In preda al panico, Bernard Kastin telefonò al dipartimento di Polizia di Glendale e parlò con Dave O'-Connor della divisione omicidi. Spiegò di aver sentito alla radio di un cadavere ritrovato a Glendale, che la descrizione gli aveva ricordato sua figlia e che Lissa era scomparsa. Bernard fornì diversi dettagli sull'aspetto fisico di Lissa e la Polizia ritenne altamente probabile che si trattasse proprio della ragazza che avevano trovato.

O'Connor accompagnò Bernard Kastin all'obitorio, dove era stata installata una telecamera a circuito chiuso per far sì che l'identificazione dei corpi fosse meno traumatica per i parenti delle vittime.

Bernard non voleva guardare, ma lo schermo attirò subito il suo sguardo, contro la sua volontà. Ed ecco Lissa. Con i grandi riccioli dei capelli scuri che le ricadevano sulle spalle come sempre. Con la forma familiare del suo naso un po' aquilino e la curva morbida delle sue guance. Ma le labbra erano una macchia pallida e sottile, gli occhi erano stati chiusi con discrezione, per non rivelare la loro totale assenza di vita, e poi, chiaramente visibili, c'erano i profondi anelli blu scuro intorno al collo.

Era così strano. Era Lissa, eppure al tempo stesso non lo era.

O'Connor non aveva nemmeno bisogno che Bernard confermasse l'identificazione. L'uomo venne abbandonato da ogni segno di compostezza e crollò, scosso da singhiozzi terrificanti.

———

Il corpo di Lissa Kastin era stato trovato da un jogger vicino ai campi da golf dello Chevy Chase Country Club a Glendale. Gli occhi del jogger erano stati attirati da qualcosa di insolito in fondo ad un burrone che si spiegava a partire dal fianco del viale. Gettando uno sguardo verso il basso aveva visto una donna nuda, chiaramente morta, stesa contro il filo metallico che segnava i confini del campo da golf in fondo al pendio.

La scena sarebbe stata analizzata ancora una volta da un'unità di Polizia completamente diversa.

Gli investigatori del dipartimento di Polizia di Glendale formularono velocemente l'ipotesi secondo la quale il corpo doveva essere stato abbandonato dal viale di Chevy Chase per poi rotolare verso il basso. Il burrone era separato dalla strada da un guardrail alto circa un metro. Vicino alla recinzione del campo da golf, in fondo al rilevato, c'era un profondo canale di scolo. Forse l'assassino, o gli assassini, avevano cercato di mirare a quel punto, ma il corpo era rotolato contro il cumulo di terra e si era fermato contro il filo di recinzione. In ogni caso, vista la difficoltà di sollevare un corpo al di sopra di un guardrail di quell'altezza, gli investigatori si trovarono inclini a pensare che gli individui coinvolti fossero due.

Finalmente stava accadendo qualcosa che avrebbe portato le autorità a cogliere dei nessi; a rendersi conto che quel delitto probabilmente non era stato il risultato di un incidente isolato. L'omicidio di Lissa Kastin era stato ritenuto degno di nota e venne ampiamente coperto dai giornali. Lisa era una 'brava ragazza', istruita, di buona famiglia ed era stata trovata morta a Glendale, un quartiere devotamente borghese che con quel suo conservatorismo ottuso aveva ispirato *Mildred Pierce* e *Il postino suona sempre due volte*.

Quando Salerno venne a sapere che una giovane donna era stata trovata nuda e strangolata in un burrone al largo del viale di Chevy Chase, il suo interesse ormai colto, decise di fare subito una visita al Commissariato di Glendale.

Lo scambio d'informazioni con gli investigatori di Glendale lo portò a intravedere alcuni chiari collegamenti con l'omicidio Miller. Come Judy, anche Lissa era stata trovata nuda ed era stata strangolata con una corda. E, anche se il corpo di quest'ultima era stato scoperto a Glendale, a sei o sette chilometri dal punto in cui era stata ritrovata Judy, in una città collegata da un sistema autostradale tentacolare, la distanza non era poi così grande. A rivelare altri collegamenti tra gli omicidi c'era il fatto che apparentemente entrambe le ragazze erano state rapite a Hollywood, che si trovava a metà strada tra i due punti.

Alla fine l'auto di Lissa venne ritrovata a mezzo isolato dal suo appartamento. Aperta. Nel suo appartamento, che era stato posto in sicurezza, gli investigatori di Glendale trovarono solo la chiave del cofano, ma non quella dell'accensione. L'ultimo avvistamento di Lissa era stato intorno alle nove della sera precedente al suo ritrovamento, mentre lasciava l'Healthfaire.

Era strano che l'auto di Lissa fosse stata trovata poco lontano dal suo appartamento, e non nel complesso. Sembrava che fosse stata prelevata dalla sua auto prima ancora di arrivare a casa.

Perché avrebbe dovuto accostare prima di raggiungere la sua destinazione? Forse perché conosceva il suo assassino.

L'altra possibilità era che l'assassino fosse qualcuno che si trovava nella posizione di farla fermare.

Qualche poliziotto, o qualcuno che ne vestiva i panni.

———

Dopo aver visitato la scena, Salerno si trovò a concordare con gli agenti di Glendale sul fatto che ci sarebbero voluti due uomini per sollevare il corpo senza vita della Kastin al di sopra del guardrail. Il passo successivo era quello di recarsi all'ufficio del coroner per confrontare i corpi della Miller e della Kastin. In quel modo avrebbe potuto vedere confermati o smentiti i propri sospetti, secondo i quali i due omicidi erano stati opera degli stessi criminali.

Salerno era un tipo metodico. Aveva telefonato in

precedenza e aveva chiesto di mettere Judy e Lissa una accanto all'altra per compiere un esame visivo. Voleva poter cogliere rapidamente qualsiasi nesso tra i *modi operandi*.

L'analisi comportamentale dei criminali era una scienza relativamente nuova negli anni Settanta e la nozione di 'serial killer' non era affatto particolarmente diffusa. Le origini di questo concetto sono spesso attribuite all'ex agente dell'FBI Robert Ressler, che verso la fine del decennio aveva coniato il termine proprio per la necessità di descrivere l'ondata di omicidi quel tipo in ogni parte degli Stati Uniti.

Si trattava infatti dell'alba dell'era degli omicidi seriali. Nel giro di pochi anni si sarebbero potuti acquistare i volti di Bundy, Gacy e Ramirez stampati su merce di vario tipo.

Facendosi strada nell'ufficio del coroner, Salerno non aveva modo di presagirsi quel futuro. Ma era comunque un detective della Omicidi con una certa esperienza ed era consapevole che i segni che un assassino lascia su un corpo sono un indizio della sua identità. Per quanto l'analogia sia spiacevole, sono come il tratto di un artista sulla sua tela. Si lasciano sempre dietro una traccia del loro creatore. Il trauma sul corpo è una sorta di linguaggio, una comunicazione simbolica. Racconta le pulsioni dell'assassino, le sue motivazioni, l'essenza di ciò che lo spinge.

Con le due ragazze morte distese una accanto all'altra, Salerno poté vedere che Lissa, intorno al collo, ai polsi e alle caviglie, portava gli stessi identici segni di corda che aveva visto su Judy. Non solo, i segni si trovavano anche quasi nello stesso punto e avevano angolazioni simili. In seguito avrebbe detto che era letteralmente come guardare una fotocopia.

Confermati i suoi sospetti, Salerno passò in rassegna gli altri ritrovamenti del coroner. Come Judy, anche Lissa aveva subito violenza, anche se nel suo caso non c'erano tracce di sodomia. Lissa non era una prostituta e non apparteneva alla cultura della strada di Hollywood. Il fatto che il suo corpo avesse subito una violazione di quel tipo significava che non era più possibile liquidare facilmente l'analoga prova di stupro nell'esame di Judy (e di Yolanda Washington, sebbene la Polizia non avesse ancora collegato quel caso) come un effetto collaterale della vendita di favori sessuali.

Se tutte le donne erano state uccise dallo stesso assassino, allora lo stupro rientrava nel movente. Quello con cui avevano a che fare era un assassino a sfondo sessuale. Per lui l'omicidio forniva un brivido che estendeva e aumentava la gratificazione dell'atto in sé.

Capitolo 6

Tutto a un tratto, tutti iniziarono a prestare attenzione. Le forze dell'ordine di Los Angeles entrarono in azione. Si cominciò a pensare che l'omicidio di Judy Miller, un assassinio che in precedenza aveva suscitato scarso interesse, potesse essere solo l'inizio di un problema molto più grande, un problema non solo per Hollywood, ma per 'la popolazione' in generale.

E se Lissa Kastin poteva essere rapita a caso lungo la via, tra la sua auto e i pochi passi che la separavano dalla porta di casa, allora la stessa sorte avrebbe potuto colpire qualsiasi altra giovane donna. Gli abitanti di Los Angeles non lo avrebbero tollerato. Chiunque vi fosse dietro doveva essere fermato, e in fretta.

Su suggerimento dell'ufficio del coroner, gli investigatori delle giurisdizioni di Glendale e di Los Angeles si riunirono per cercare altri collegamenti tra gli omicidi Miller e Kastin. Combinando le informazioni di cui erano in possesso speravano di fare venire alla luce qualcosa di nuovo, ma i loro progressi furono gravemente ostacolati dall'assenza di prove concrete; il fatto che i corpi fossero stati spogliati e abbandonati rendeva vano ogni tentativo di collegare le vittime a possibili sospetti o luoghi del delitto.

Si cominciò a intrattenere il pensiero dell'esistenza di un assassino seriale. Per i detective era abbastanza sicuro che si trattasse di due uomini, forse poliziotti, o individui che si spacciavano per tali.

Ed erano anche in gamba. Sapevano che cosa stavano facendo. Sembrava che avessero messo a punto un piano e dei metodi che avrebbero permesso loro di fare mostra delle proprie abilità e sfuggire all'identificazione.

In ultima analisi, le conclusioni che si potevano trarre dai dati disponibili erano terrificanti. Si trattava di due uomini che si guadagnavano la fiducia delle potenziali vittime vestendo i panni di autorità pubbliche. Due uomini che sembravano attaccare senza distinzioni di sorta, rappresentando una minaccia non solo per le prostitute ma anche per le donne comuni. Due uomini che conoscevano bene il sistema autostradale di Los Angeles e che sapevano approfittare della sua doppia potenzialità come fattore di connessione e d'isolamento. Le ragazze erano state rapite, uccise e scaricate in punti diversi della contea, in diverse giurisdizioni di Polizia.

I poliziotti, per il momento, non diedero voce alle loro speculazioni private. Sapevano bene che pubblicizzare le connessioni tra gli omicidi o allertare il pubblico della possibile esistenza di un serial killer, avrebbe potuto creare non solo un'isteria inutile, ma anche altri ostacoli alle indagini. Se avessero percepito che le loro azioni erano sotto i riflettori, gli assassini avrebbero potuto alterare il loro *modus operandi* per gettare la Polizia fuori pista ed eludere la scoperta. Le somiglianze nei MO erano davvero l'unico indizio solido di cui la Polizia era in possesso, per cui decisero di rivelare il meno possibile ai media.

Il 10 novembre, il *Los Angeles Times* pubblicò un piccolo trafiletto sulla parte posteriore del giornale. Il titolo leggeva: 'DUE OMICIDI DI GLENDALE POTREBBERO ESSERE COLLEGATI'.

L'articolo conteneva poche informazioni, a parte il fatto che le due ragazze erano state strangolate in modo simile e non c'era nulla sulla possibilità di due colpevoli.

Jim Mitchell aveva visitato sia il luogo dove era stato ritrovato il cadavere di Judy Miller sia quello dove era stato ritrovato il corpo di Lissa Kastin. Dopo essersi confrontato con la Polizia, aveva scritto soltanto che a Glendale c'era stato l'omicidio di una giovane donna e che la modalità era simile a quella di un omicidio avvenuto a La Crescenta.

Poi aggiunse che non avevano ancora un colpevole.

———

Il ritrovamento del corpo di Lissa Kastin aveva rivelato a Salerno che il responsabile dell'uccisione di Judy Miller, chiunque egli fosse, non era affatto un dilettante quando si trattava di stupro e omicidio. Spinto da un nuovo senso di urgenza, il detective decise di tornare sulle tracce di Markust Camden. Salerno era sicuro che Camden sapesse più di quello che aveva detto. Probabilmente aveva bisogno soltanto di una spintarella e avrebbe vuotato il sacco.

Per trovare il suo testimone Salerno non doveva fare altro che recarsi a Hollywood e tornare al Fish n' Chips che Camden frequentava abitualmente.

Senza mezzi termini riferì a Camden che era sospettato di due omicidi. Nell'obitorio civico c'era il corpo di un'altra giovane donna e sapevano che era stata uccisa dalla stessa persona che aveva ucciso Judy Miller. Camden era stata l'ultima persona a vedere Judy in vita, quindi, se sapeva qualcosa, era arrivato il momento di parlare.

Markust, che era un tipo ansioso, impallidì di colpo e prese a sudare più del solito, lanciandosi a ribattere in modo acceso.

«Io non ho fatto niente, lo giuro! Ma... è vero, non ho raccontato tutta la storia. Se lo avessi fatto, mi avrebbe messo seriamente in cattiva luce, e beh... Ho pensato che fosse meglio non stuzzicare il can che dorme...»

«Dunque?» lo incalzò Salerno.

«Beh, la verità è che non ho lasciato Judy al Fish n' Chips quella sera. È venuta con me al Gilbert.»

Allora Salerno capì. Quella cosa metteva davvero Camden in cattiva luce.

«Quindi... avete avuto rapporti sessuali?»

Camden annuì.

Poiché Markust aveva avuto rapporti con Judy poco prima della sua morte, l'esame di qualsiasi sperma trovato all'interno del suo corpo – se fosse stato del suo stesso gruppo sanguigno – avrebbe potuto collocarlo all'interno di un gruppo molto ristretto di sospetti. Il ragazzo poteva essere in guai grossi.

«Ascolta,» disse Salerno, «se mi stai dicendo la verità e non hai nulla da nascondere sarai al sicuro. Vogliamo solo trovare il responsabile di tutto questo. Ma non fraintendere, si tratta di una cosa molto seria. Meglio non restarne coinvolti se è possibile evitarlo. Okay?»

Camden giurò che avrebbe raccontato tutto.

«Judy era al verde. Era affamata. Sembrava che non mangiasse da settimane. L'ho portata al Carney's Railroad Diner per farle mandare giù un po' di cibo. Abbiamo mangiato degli hot dog. Poi è andata a cercarsi un lavoretto e una macchina si è avvicinata a lei su Sunset. Dalla vetrina della tavola calda ho visto Judy che parlava con un cliente, che si metteva d'accordo.»

«Saresti in grado di descrivere questo tizio? Di identificarlo da una foto o in un confronto?»

«Oh sì, l'ho visto per bene. Era scuro, forse... portoricano. Capelli scuri, folti. Naso grosso. Da clown, davvero. L'auto era una limousine. Di quello sono sicuro. Una limousine blu scuro.»

«E poi cosa è successo?»

Camden sollevò le mani. «È salita in macchina e se ne sono andati» disse. «Erano diretti verso est, lungo Sunset. Hanno girato in una strada laterale, ma non so quale. Quella è stata l'ultima volta che l'ho vista.»

Capitolo 7

PER SALERNO L'AVVISTAMENTO DEL PROBABILE SOSPETTO DA parte di Camden fu una vittoria piccola, ma significativa.

Non sapeva ancora – lui, come nessun altro – che al lato dello svincolo di uscita per Los Feliz, sulla Golden State Freeway, c'era già una quarta vittima in decomposizione.

Jane King, attrice e modella di ventotto anni, era parzialmente nascosta dalle foglie cadute in autunno. Non l'avrebbero trovata fino al 23 novembre, quando oramai era morta da oltre due settimane.

Il 9 novembre 1977, Jane aveva cenato mentre guardava la TV con la sua coinquilina, per poi recarsi al suo corso di recitazione delle sei presso Villa Scientology, ora nota come Celebrity Center internazionale della Chiesa di Scientology, in Franklin Avenue.

Il caso di Jane rispecchiava forse quello dei tanti e delle tante aspiranti attori e attrici attirati da Scientology. In seguito il sacerdote della Chiesa, Jeff Dubron, l'avrebbe descritta – in un modo piuttosto inquietante, data la reputazione della Chiesa – come 'una giovane donna in cerca di se stessa'. Forse Dubron intendeva dire che Jane era una persona vulnerabile; e lo era. Gli amici l'avevano descritta come una ragazza timida e impacciata, sempre a dieta e votata all'attività fisica. A Los Angeles Jane era sola, viveva con una coinquilina che conosceva a malapena ed era in cerca di successo e approvazione a Hollywood. Era anche molto bella, sotto ogni profilo, con una figura slanciata, lunghi capelli biondi, occhi grandi e lineamenti precisi, che soddisfacevano tutti i criteri di bellezza convenzionali. I lavoretti da modella per lei erano stati facili da trovare e l'avevano aiutata a restare in piedi in attesa dei soldi veri, quelli che arrivano quando si sfonda nell'industria dell'intrattenimento.

Al termine della lezione, uno dei suoi colleghi aveva offerto a Jane un passaggio a casa. Lei aveva rifiutato dicendo che preferiva prendere l'autobus e si era allontanata in direzione della fermata all'angolo tra Franklin e Tamarind.

Una volta sul posto aveva controllato gli orari delle corse e si era resa conto di averne appena perso uno. Per il prossimo avrebbe dovuto aspettare dieci o quindici minuti buoni.

Si avvicinò un giovane con i capelli scuri, di bell'aspetto, che si sedette accanto a lei sotto la pensilina e le chiese gentilmente quando sarebbe arrivato il prossimo autobus.

Di norma Jane non avrebbe parlato con un estraneo, ma quello sembrava un ragazzo molto gentile, dal piglio pacato e affatto minaccioso. Le era sembrato perfino un po' ingenuo e inesperto, come se fosse nuovo a Los Angeles e non sapesse ancora come muoversi.

La sua intuizione era stata giusta. Il ragazzo le disse che era di Rochester, New York, e che si trovava a Los Angeles solo da poco tempo. Stava ancora imparando a conoscere la città. Le confessò ridendo che non aveva mai preso sul serio le persone quando gli avevano detto che per vivere a Los Angeles bisognava avere un'auto ma in quel momento si era accorto che avevano ragione.

Il trasporto pubblico di Los Angeles versava in uno

stato terribile e Jane si trovò a empatizzare con quello sconosciuto tanto amichevole, ma per quanto la riguardava, la conversazione era finita lì. Era una persona timida e tendeva a stare sulle sue.

Ma l'uomo continuò a parlare e Jane si ritrovò a lasciarsi coinvolgere e a diventare a sua volta socievole. Era così facile parlare con lui, quasi disarmante. Si scambiarono i soliti convenevoli, ma senza l'imbarazzo a cui era abituata quando parlava con altre persone che non conosceva.

Il ragazzo voleva sapere che cosa faceva nella vita e Jane gli aveva detto che era un'attrice. A quel punto lui aveva avuto l'occasione perfetta per buttare lì che, vuoi lo stato dell'economia e il fatto di provenire da un altro stato, non aveva ancora avuto fortuna a trovare lavoro dove avrebbe preferito, all'interno della Polizia o nell'ambito della sicurezza, ma era stato accettato nelle riserve dello sceriffo.

Le mostrò perfino il distintivo, per cui Jane fece qualcosa che normalmente non avrebbe fatto: con l'autobus in ritardo, quando arrivò un'auto guidata da un uomo più anziano che il suo compagno di fermata dell'autobus aveva riconosciuto come il suo amico 'Tony', lei accettò un passaggio.

Apparentemente, 'Tony' si trovava in quella zona solo per caso. Jane non poteva sapere che l'intera faccenda era una trappola che era stata allestita con largo anticipo, quando i due uomini stavano guidando in giro per Hollywood e dalla macchina avevano avvistato una giovane ragazza bionda con i tacchi alti e argentati, incredibilmente attraente e seduta da sola sotto la pensilina della fermata dell'autobus, e avevano deciso all'istante che sarebbe stata lei quella giusta.

Jane aveva detto a 'Tony' che era diretta giusto in fondo a Franklin perché non voleva disturbarlo o fargli fare troppi giri.

«Nessun problema! L'unica cosa è che... Sono stato

in giro tutto il giorno e ora sto andando al mio ultimo appuntamento... devo fare una breve deviazione per passare a prendere una cosa da casa. È un problema?»

L'uomo era astuto e non voleva che Jane si allarmasse quando l'auto avrebbe seguito un percorso inaspettato.

Prima o poi doveva essersi resa conto che si erano spinti ben oltre l'itinerario pianificato, perché avevano completamente lasciato Hollywood e si stavano dirigendo verso Glendale, ma a quel punto probabilmente era già ammanettata.

Jane King aveva un ragazzo. Avevano litigato pochi giorni prima che fosse uccisa e da allora non si erano più visti. Quel mercoledì sera il ragazzo aveva deciso di allungarle un ramoscello d'ulivo e aveva chiamato il suo appartamento solo per sentirsi dire dalla coinquilina che Jane se ne era appena andata per quella che si sarebbe rivelata essere la sua ultima lezione di recitazione.

Quando Jane non fece più ritorno, il suo ragazzo e la coinquilina avevano denunciato la sua scomparsa. Il caso venne preso in carico dall'ufficio del Commissario Straordinario per le persone scomparse e non ci fu modo di collegare il suo destino con quello di Judy Miller o di Lissa Kastin fino a quando, diverse settimane più tardi, il suo corpo non fu ritrovato vicino alla Golden State con i cinque segni di abrasione distintivi.

Prima di allora erano state trovate altre tre vittime.

Ormai ogni volta che a Los Angeles scompariva una giovane donna, le prime parole che si formavano nella mente dei suoi cari erano *gli strangolatori delle colline*.

Capitolo 8

Negli Stati Uniti il Ringraziamento è una tradizione sacra. Ha le sue origini nelle celebrazioni del raccolto che risalgono alla Riforma protestante inglese e che i padri fondatori puritani portarono con sé nel Nuovo Mondo. La tradizione puritana aveva sostituito le festività della chiesa cattolica con i giorni del digiuno e quelli del ringraziamento: richiedevano digiuni i disastri inattesi e gli eventi che minacciavano il corso tradizionale dell'esistenza; mentre l'abbondanza e altre benedizioni speciali, come un buon raccolto, prevedevano delle celebrazioni chiamate ringraziamenti. Nel 1863, per promuovere un senso di unità tra gli americani degli Stati del nord e quelli del sud, Abraham Lincoln aveva dichiarato che l'ultimo giovedì di novembre sarebbe stata la festività annuale per il Ringraziamento. Quella del Ringraziamento per gli americani è una parte inestricabile della loro storia e della loro identità, una festività importante quanto il Natale nel resto del mondo occidentale. Le vacanze di novembre dovrebbero essere un momento di gioia e di pace, un momento in cui le famiglie si riuniscono per apprezzare insieme le cose belle della vita.

Ma la settimana del Ringraziamento del 1977, a Los Angeles, fu memorabile per tutte le ragioni sbagliate.

Gli eventi di quella settimana furono uno scherzo crudele, una caricatura del significato della festività, e chi abitava in città in quel periodo non l'avrebbe mai dimenticato.

Iniziò tutto abbastanza innocentemente, con un bambino di nove anni che rovistava in un mucchio di spazzatura vicino casa sua. Nel pomeriggio del 20 novembre, Armando Guerrero stava girando in bici insieme a alcuni amici in Landa Street, nella Elysian Valley, vicino al Silver Lake Reservoir. Armando conosceva bene quella zona, anche se era sconosciuta ai più. Landa Street era tranquilla e poco trafficata. Ad Armando piaceva girare in bicicletta da quelle parti e il pendio ombroso era un luogo segreto, dove spesso trovava tesori nascosti.

Mentre rovistava nel ciarpame con i suoi amici, il suo sguardo cadde su quelli che sembravano essere un paio di manichini da negozio distesi per terra. Entusiasta per la sua scoperta, Armando andò a dare un'occhiata più da vicino. Afferrò la caviglia di uno dei manichini, ma presto indietreggiò in preda all'orrore. La caviglia era molliccia al tatto, non dura come la plastica, e poi vide l'anello di formiche che vi stava banchettando sopra.

Armando non aveva mai visto un cadavere prima d'allora ma sapeva che quello lo era. Corse a casa e lo disse al fratello diciassettenne, Alonso, che tornò con lui ai cumuli di spazzatura per assicurarsi che non si fosse inventato una storia. Confermata la triste scoperta, Alonso telefonò alla Polizia.

Il poliziotto che si affrettò sul posto sapeva che la rigidità che aveva indotto Armando a pensare di aver trovato due manichini era il rigor mortis. L'uomo contattò la Omicidi dell'LAPD e venne inviata una squadra.

———

Il punto era ben coperto da alberi e arbusti ed era poco illuminato. Il sergente Dudley Varney si fece strada piegandosi per evitare i ramoscelli e immaginò che non fossero molte le persone che sapevano dell'esistenza di quel posto. Armando aveva trovato quelle vittime soltanto per caso. Sarebbero potute semplicemente svanire e il loro destino sarebbe rimasto un mistero per sempre.

Varney si fece strada tra i materassi ammuffiti e le bottiglie di birra abbandonate. Sapeva cosa aspettarsi. Sapeva che le vittime erano due donne e che erano state trovate nude. Ormai erano in molti nel corpo di Polizia a parlare di un'ondata di strangolamenti a Los Angeles.

Eppure, quando gli apparvero davanti, Varney sussultò.

Erano morte da un bel po', perché i corpi avevano già iniziato a decomporsi. E, attraverso un foro che si stava allargando in una guancia putrescente, luccicava un apparecchio argentato.

Erano due ragazzine, appena adolescenti.

Varney chiese ad Armando e ad Alonso se le conoscessero. La risposta era stata negativa ma Alonso aveva detto di aver saputo della scomparsa di due ragazze della St. Ignatius School, a Highland Park. La scuola aveva distribuito un manifesto che mostrava le fotografie e le descrizioni delle due ragazze e offriva una ricompensa per qualsiasi informazione. Si trattava di Delores Cepeda, di dodici anni, e Sonja Johnson, di anni quattordici.

Varney contattò la scuola e apprese che i manifesti erano stati distribuiti da un prete. Grazie alle foto riuscì ad accertare le loro identità. Varney scoprì anche che le ragazze erano scomparse da una settimana e che la scuola stava conducendo un'accurata ispezione dei suoi terreni. Anche i genitori di Sonja e Delores avevano denunciato la scomparsa delle figlie e stavano setacciando disperatamente i dintorni. Speravano che le due amiche fossero semplicemente scappate insieme da qualche parte.

Quello stesso giorno, poche ore prima che Armando Guerro iniziasse a scorrazzare lungo Landa Street in bicicletta, ignaro della strana svolta che stava per prendere la sua giornata, il detective Bob Grogan, partner del sergente Varney, era stato chiamato all'angolo di Ramon's Way e Wawona dall'altra parte della Elysian Valley, tra Glendale e Eagle Rock.

Il luogo era arroccato in una zona anonima, composta da piccole strade suburbane circondate su tutti i lati da case e da prati; era perfettamente ordinario e pacifico, se non per lo spettacolo del corpo nudo e senza vita di una giovane donna stesa sul ciglio di una strada, solo parzialmente ombreggiato da una scarna pergola arborea.

L'immagine era perturbante nella sua incoerenza. Ma per Grogan era anche evocativa di un assassino che si era impegnato veramente tanto. Doveva anche conoscere la zona molto bene, anche nei suoi anfratti più remoti. Grogan stesso aveva avuto un po' di difficoltà a raggiungere il posto, nonostante la sua lunga esperienza di navigazione delle strade di Los Angeles.

Grogan non era ancora a conoscenza dei dettagli forensi degli omicidi di Kastin e Miller, che erano stati gestiti da altre giurisdizioni.

Il medico legale rivoltò il corpo e dal retto della ragazza uscì del sangue. Quello fu il primo segno rivelatore di un assassino motivato sessualmente. La ragazza era stata sodomizzata e l'evidente violenza della pratica faceva pensare a una mancanza di consenso. Intorno al collo c'erano segni di strangolamento; altri lividi circondavano i polsi e le caviglie.

Grogan si piegò in avanti, mettendo bene a fuoco il suo sguardo. Sbatté le palpebre. Nell'incavo del braccio della ragazza c'erano due minuscoli segni rossi annidati in un'area verde più larga. Erano segni di aghi, gli stessi

che si possono vedere su qualsiasi dipendente di sostanze assumibili per via endovenosa.

Per il resto la vittima era sana, pulita e intatta. Nella
mente di Grogan si affacciò una cupa intuizione. Non
poteva esserne sicuro – successivi esami del sangue
avrebbero confermato i suoi sospetti – ma quella donna
non era una tossicodipendente.

Le ferite da perforazione erano tracce del gioco del-
l'assassino, di un qualche tipo di divertimento perverso
che si era concesso prima di finirla. Quella donna era
stata torturata.

Rientrando alla stazione, i pensieri di Grogan erano
molto confusi. Come Salerno, era un poliziotto che
aveva la sua esperienza nel campo degli omicidi. Aveva
i capelli rossicci e una corporatura simile a quella di un
orso, ed era noto per la sua schiettezza e il suo carattere
irascibile. Non era mai riuscito a farsi piacere Los Angeles, nonostante la lunga permanenza e il fatto che la città
fosse diventata ormai la sua casa. Non aveva niente
contro il sole, l'oceano e la pesca, ma negli ultimi anni
aveva visto abbastanza cose folli da bastargli per tutta la
vita. Veniva dal nord-est, da Boston, e da quel tipo di
semplicità delle comunità cattoliche della classe operaia
che erano proprie di quelle parti. Los Angeles lo aveva
sempre inorridito per la sua predisposizione verso la
corruzione morale e la sua relativa mancanza di valori
umani veri e propri. Pur stando così le cose, pensava di
avervi abitato abbastanza a lungo da averci fatto l'abitu-
dine. Pensava che potesse scioccarlo più nulla, ma
aveva appena avuto prova del contrario.

Rientrati alla stazione, Grogan e Varney si misero a
confrontare le loro note e si resero subito conto dell'e-
normità di ciò che era appena accaduto.

Non c'erano dubbi sul fatto che le tre vittime fossero

state uccise tutte dalla stessa persona – o dalle stesse persone. Ne erano una prova i distintivi segni di corda intorno al collo, ai polsi e alle caviglie. Erano anche d'accordo sul fatto che probabilmente dietro quegli atti c'erano due uomini. Grogan non aveva visto segni di trascinamento né sul corpo né sul terreno circostante. Era possibile che a scaricarla così facilmente fosse stato un uomo solo, un uomo forte e robusto, ma era molto più probabile che fossero stati in due a sollevarla da un'auto e a lanciarla a terra con un movimento rapido. E poiché la Johnson e la Cepeda erano state uccise dagli stessi assassini, si trattava di due uomini che erano stati chiaramente presi da una qualche furia omicida. Le due ragazzine erano state congedate con una doppia esecuzione. Le condizioni di decomposizione dei corpi suggerivano che erano state uccise qualche tempo prima della ragazza trovata dall'altra parte della valle, ma la differenza doveva essere al massimo di una settimana.

La donna ritrovata a Ramon's Way venne identificata come la ventenne Kristina Weckler, una studentessa del Pasadena Art Center of Design che viveva da sola in un appartamento al numero 809 di East Garfield Avenue, a Glendale. I genitori vivevano a San Francisco, città dalla quale Kristina si era trasferita per frequentare la scuola di design.

Una delle compagne aveva denunciato la sua scomparsa quando non si era presentata a lezione. La ragazza era andata a cercare l'amica nell'appartamento di East Garfield Avenue e, dopo aver convinto il custode dell'edificio a farla entrare, l'aveva trovato vuoto. L'auto di Kristina era parcheggiata al solito posto.

Kristina era una persona tranquilla e coscienziosa, che la sera preferiva restare a casa e lavorare sui suoi disegni. Conoscendo le sue abitudini regolari, l'amica si era allarmata e aveva chiamato immediatamente la Polizia.

Grogan venne a sapere dall'amica di Kristina che la

sera prima c'era stata una festa a cui Kristina avrebbe voluto partecipare, ma non era stata invitata. A quella festa in particolare ci sarebbe stata della marijuana e gli amici di Kristina sapevano che lei non approvava il consumo di erba, per cui era stata esclusa.

A East Garfield Avenue, Grogan trovò la casa di una giovane donna ordinata e meticolosa, senza niente fuori posto. I suoi pennelli e le sue matite erano disposti in modo ordinato su una postazione da lavoro con un tavolo da disegno. Le coperte del letto erano state appena sollevate, come se il tragico avvenimento avesse interrotto i suoi preparativi per la notte. Molti dei disegni di Kristina erano disposti vicino alla sua postazione di lavoro. Erano innegabilmente belli: era una persona piena di talento.

Nel guardarli, Grogan fu lentamente preso da una rabbia silente e palpitante. Kristina aveva nutrito speranze e sogni che ora non avevano alcuna possibilità di essere realizzati. Era una brava persona, con una vita preziosa e un potenziale enorme. I killer l'avevano usata, obliterata e gettata via, come se non fosse stata niente.

Sul comodino accanto al letto c'era un taccuino. Sfogliandolo Grogan capì che si trattava di una specie di diario dove Kristina raccoglieva appunti sulla sua vita quotidiana e piccoli schizzi e progetti per i suoi disegni.

In quelle pagine Kristina aveva buttato giù il resoconto di un incidente apparentemente banale. Un residente di quel complesso di appartamenti, un tipo di nome Ken Bianchi, l'aveva assillata chiedendole un appuntamento. Era un giovane di bell'aspetto, ma per qualche ragione la turbava. Kristina aveva rifiutato gentilmente.

Per descriverlo aveva usato un'analogia interessante: era 'come un addetto alla vendita di auto usate'.

Il fatto che un uomo ci avesse provato con una donna che in seguito era stata assassinata, assieme alla caratterizzazione che ne aveva fornito Kristina, forse avrebbe dovuto fare suonare il campanello d'allarme per Grogan. Ma la menzione di Bianchi era stata molto casuale, era solo uno dei tanti appunti che Kristina aveva inserito nel suo diario. Non c'era niente che lo facesse risaltare, niente che lo collegasse all'omicidio.

Grogan forse non si era accorto immediatamente della nota, oppure non vi aveva attribuito particolare importanza. Se l'avesse fatto, non avrebbe mai agito come avrebbe fatto in seguito.

Grogan avrebbe dovuto consegnare il taccuino come prova. Tuttavia, sotto l'influenza di emozioni fortemente alterate dalle circostanze di un caso come non aveva mai visti prima, fece una scelta diversa. Essere nell'appartamento di Kristina, tra le sue cose, gli aveva fatto provare uno strano senso d'intimità con la vittima. Vedere le condizioni del corpo della giovane – le prove della violenza brutale da lei subita, i segni delle iniezioni che avevano suggerito una tortura prolungata – aveva avuto un impatto terribile sulla sua mente. Gli dispiaceva talmente tanto per i familiari che volle consegnare il taccuino a loro, anche se la cosa andava contro il suo dovere di agente di Polizia impegnato nell'indagine di un omicidio. Facendo una sfortunata scommessa contro se stesso, volle credere che la famiglia ne avrebbe ricavato più valore degli investigatori.

Il padre di Kristina, Charles Weckler, finì per restituire l'oggetto alla Polizia per puro caso.

Ma il suo messaggio, con il segreto che racchiudeva, sarebbe stato ignorato ancora troppo a lungo.

Capitolo 9

LA SOLUZIONE DI UN CRIMINE È UNA COSA DELICATA ED evanescente, che può deragliare fin troppo facilmente a causa di equivoci ed errori di valutazione apparentemente insignificanti. Procede sulla base della formazione di collegamenti tra elementi d'informazione, elementi che inizialmente possono apparire non correlati. A meno che non ci sia un improvviso colpo di fortuna, un *deus ex machina*, ha successo solo quando viene seguito il lento e tedioso processo di raccolta e analisi di tutte le informazioni ricavabili da un caso.

A East Garfield Avenue era stata appena persa un'occasione. Ma a Eagle Rock, le inchieste di Varney avevano appena portato a galla alcune informazioni molto utili. Aveva individuato un testimone del rapimento di Delores Cepeda e Sonja Johnson.

Il giorno della loro scomparsa le ragazze erano state a Eagle Rock Plaza e da lì erano salite su un autobus per tornare a casa. Un ragazzo che si trovava sull'autobus le aveva viste scendere su York Street, non lontano dalle loro abitazioni. Le ragazze avevano camminato lungo la strada fino a quando una berlina aveva iniziato a rallentare accanto a loro. Avevano parlato con un uomo attraverso il finestrino dell'auto. Il ragazzo era abbastanza sicuro che nel veicolo ci fosse qualcun altro, seduto sul lato del passeggero.

Spinto a fornire una descrizione dell'auto, il ragazzo incontrò delle difficoltà. Varney decise di farlo mettere sotto ipnosi per dare una spintarella alla sua memoria.

Durante la pratica il ragazzo riferì con sicurezza che la berlina aveva la parte inferiore scura e quella superiore chiara. Come un'auto della Polizia.

La testimonianza fu importante perché confermò due punti che fino a quel momento erano stati solo delle ipotesi: i killer erano due ed erano agenti di Polizia, oppure si spacciavano per tali.

Per uno sfortunato complotto del caso, Delores e Sonja erano nella posizione ideale per obbedire timidamente alle richieste di qualsiasi uomo che avesse la parvenza di essere un agente della Polizia. Proprio prima di essere rapite, le due ragazzine avevano rubato dei prodotti cosmetici dall'Eagle Rock Plaza. Piene di timore e vergogna per la prevedibile reazione dei genitori una volta scoperto che avevano rubato, avrebbero fatto qualsiasi cosa quegli uomini avessero chiesto loro di fare.

Il momento del rapimento – ora verificato dalla testimonianza del ragazzo –, messo in relazione con lo stato di decomposizione dei corpi al momento del ritrovamento, aveva confermato i sospetti sul fatto che prima di morire le due ragazze avessero trascorso diverso tempo nelle mani degli assassini. Probabilmente alcuni giorni.

Il quadro generale stava acquistando una sfumatura sempre più raccapricciante. Prima di porre fine alle loro sofferenze, i killer avevano giocato con le vittime come gatti con i topi. Le avevano torturate, avevano iniettato loro dei veleni.

Erano dei sadici, senza la benché minima traccia di compassione o umanità. E sembrava che si stesse verificando una progressione sinistra, un gioioso incremento dell'orrore.

Fin dove si sarebbero spinti? Quanto sarebbe peggiorata ancora la situazione?

————

La scoperta di tre cadaveri in un solo giorno sollecitò ufficialmente la prima riunione intergiurisdizionale di rappresentanti dell'LAPD, del Glendale PD e del Dipartimento dello sceriffo.

Erano presenti tutti i principali agenti coinvolti nei vari casi fino a quel momento – Salerno, Grogan e Varney – e alla fin fine erano tutti convinti che Miller, Kastin, Cepeda, Johnson e Weckler fossero state assassinate dagli stessi killer. Yolanda Washington era stata trovata senza segni di corde sui polsi e sulle caviglie, ma venne ugualmente aggiunta alla lista: tutto il resto corrispondeva, e la connessione con Hollywood faceva sembrare la cosa ancora più probabile.

Poco tempo dopo, Daryl F. Gates, allora Ispettore Capo della Polizia di Los Angeles, annunciò pubblicamente la formazione di una task force sotto la guida organizzativa dell'LAPD. Il ritrovamento delle due ragazze e di Kristina Weckler del 20 novembre era stato ampiamente riportato dai media, e da allora nel pubblico si erano sollevate ondate di allarme.

La motivazione logistica per l'esistenza di una task force era che la concentrazione di risorse umane avrebbe permesso di interrogare i sospetti in modo più rapido e avrebbe avuto una maggiore capacità di attingere a qualsiasi conoscenza pubblica degli assassini in un'indagine che, fino a allora, era stata gravemente carente dal punto di vista degli indizi.

Ma la task force era anche un esercizio di pubbliche relazioni. Le autorità dovevano dare l'idea che stessero facendo qualcosa, e in fretta. Nessuno sapeva se e quando per le strade di Los Angeles sarebbe comparso il corpo di un'altra giovane donna, ma la sensazione generale era che quello fosse solo l'inizio.

Il tenente Sam Bachman dell'Unità Omicidi del Dipartimento dello sceriffo di Los Angeles venne incaricato di presentare le competenze della task force al pubblico. Il suo discorso promozionale, trasmesso in TV e sui giornali, cercò di creare l'impressione di un ingranaggio ben oliato e tecnicamente esperto.

Sul muro del quartier generale della task force nel Parker Center il team aveva appuntato un tabellone per collegare graficamente gli indizi. Bachman spiegò opportunamente che le linee tracciate sul grafico rappresentavano le connessioni tra i casi. Poniamo che, aveva detto, la vittima uno e la vittima dodici vivessero nello stesso condominio. La cosa sarebbe stata visibile, proprio lì sul grafico!

Quel tabellone alla fine avrebbe fatto il giro completo della stanza, a riprova sia di una grande senso di dedizione che di una mancanza di progressi.

La task force aveva anche un computer a essa dedicato, il più costoso allora disponibile, con l'incredibile prezzo al dettaglio di cinquantamila dollari. Il computer aveva un bel nome da storia di fantascienza, PATRIC, che ricordava il *2001* di Kubrick. PATRIC, come HAL, faceva pensare a un essere umano, ma stava per *Pattern Recognition e Information Correlation*.

L'unico problema era che PATRIC era una denominazione più che fuorviante per quella macchina, che in realtà non aveva alcuna capacità di fare un confronto tra gli indizi. Alcuni investigatori lo chiamavano ufficiosamente uno schedario da cinquantamila dollari.

In realtà, la task force era solo un gruppetto di agenti chiusi in una stanza, sottratti ai loro compiti usuali per rispondere a delle telefonate. Quelle chiamate iniziarono ad arrivare presto con un flusso senza fine da una cittadinanza isterica, resa frenetica dai media, ipervigilante e propensa a segnalare anche il più piccolo e vagamente sospetto degli incidenti e degli incontri.

Le autorità avevano soltanto triplicato il loro carico di lavoro e reso più difficile distinguere gli indizi veri da quelli falsi.

———

Nel centro di Los Angeles c'era un vecchio bar fatiscente che era anche uno dei punti di ritrovo preferiti dei poliziotti.

Nel corso degli anni Salerno, Grogan e Varney si erano incrociati lì diverse volte, senza conoscere neanche i loro nomi. In passato erano rimasti legati ai loro piccoli gruppi, con le loro giurisdizioni e unità. Ora si conoscevano ed erano lì uniti da un nemico comune. Dimenticate le rivalità interdipartimentali, per loro era gioia pura essere in grado di condividere i fardelli di quel caso e potersi sfogare.

Davanti a birra e whisky, i tre si stavano scambiando i loro pensieri dopo l'annuncio della formazione della task force. Erano d'accordo sul fatto che non fosse poi la grande idea che voleva apparire di essere.

«È come una reazione involontaria» disse Grogan. «È politica, una cosa di facciata!»

«Be',» disse Salerno, in modo conciso, «era una cosa da fare. Non era possibile non farla.»

«Sì,» disse Grogan, «ma non è così che si risolve un caso, dico bene?»

Il whisky stava chiaramente alimentando il fuoco dell'indignazione che gli bruciava dentro, ma Salerno era tendenzialmente d'accordo. Il lavoro che facevano richiedeva riflessioni chiare e attente. L'atmosfera da cui era nata la task force era tutto il contrario di quello. Era un tentativo di prevenire il panico e non aveva nulla a che fare con il lavoro investigativo. Le due cose servivano funzioni diverse.

Grogan esortò Salerno a rimanere per un altro drink ma Salerno voleva tornare a casa. Gli piaceva Bob e gli piacevano il suo stile appassionato e le sue opinioni schiette, ma non voleva unirsi a lui nel coltivare nervosismo riguardo al caso e postumi per il giorno successivo. La cosa stava già monopolizzando il suo tempo e la sua mente. In quel momento non sembrava, ma un giorno tutto quello sarebbe finito, si sarebbe ritirato nella sua memoria ma sua moglie e i suoi figli sarebbero stati ancora lì, e avrebbero avuto bisogno di lui. Crolla tutto, ma i Salerno sarebbero rimasti in piedi.

Quella sera, tornando a casa in autostrada, Frank pensò a Patrick Kearney, un altro tipo che era stato portato dentro di recente. Andava in giro a uccidere le persone come se fossero conigli. Girava per Cali, raccoglieva giovani autostoppisti maschi, li riempiva di proiettili e poi si divertiva con i loro cadaveri. Kearney aveva ucciso per anni prima che qualcuno si rendesse conto della scomparsa delle sue vittime. Il mondo era pieno di gente malata, lo era sempre stato. Ma era l'autostrada. Era l'autostrada che aveva dato a quei maniaci il loro momento di gloria.

Il mondo moderno aveva molto di cui rispondere, concluse Salerno. Velocità, convenienza, accessibilità; tutte cose fantastiche, ma c'era sempre un aspetto negativo. Nell'era delle autostrade le persone semplicemente scomparivano; e, prima che qualcuno se ne potesse accorgere, ne morivano altre cinque.

Poi il 23 novembre, pochi giorni dopo il rinvenimento di Kristina Weckler, un operaio trovò il corpo di Jane King nella boscaglia vicino allo svincolo della Golden State per Los Feliz. Era severamente decomposto.

Capitolo 10

Fu IL LOS ANGELES TIMES A BATTEZZARE GLI ASSASSINI con il soprannome che li avrebbe accompagnati per sempre. I media li chiamavano 'Strangolatore delle colline' perché i corpi delle vittime venivano scaricati sui pendii ai bordi delle strade e delle autostrade intorno alla città. Il soprannome rimarcava anche il fatto che, fino a quel momento, il pubblico era convinto che dietro gli omicidi ci fosse un solo uomo, anche se la Polizia sapeva che erano in due.

Era possibile che a uccidere fosse un solo uomo, ma in ogni caso doveva avere un complice che lo aiutava a sbarazzarsi dei corpi. I rapporti del coroner inoltre continuavano a mostrare che, ad eccezione di Kastin, tutte le vittime avevano avuto rapporti sessuali con due uomini prima di morire. La Polizia, tuttavia, tenne questi fatti per sé. Meno erano le informazioni divulgate dalla stampa, maggiori erano le possibilità di catturare i colpevoli. Un sospetto che avesse presentato dettagli che corrispondevano con i ritrovamenti forensi non avrebbe potuto conoscerli per via della copertura mediatica.

I notiziari dichiararono che l'omicidio di Jane King poteva essere ricollegato ad altri dieci casi simili, tutti avvenuti nel corso degli ultimi mesi. Le connessioni più forti erano state tracciate tra gli omicidi del Ringraziamento e i precedenti omicidi di Miller e Kastin, tuttavia a quel punto la task force e i giornali avevano iniziato ad allargare la rete delle vittime possibili, aggiungendo sempre più nomi all'elenco delle donne che potevano essere state uccise dallo Strangolatore delle colline. Questo pattern preoccupante avrebbe continuato ad arrecare danno alle indagini fino alla fine, fomentando l'allarmismo pubblico e confondendo le piste delle indagini.

Quell'elenco di vittime sempre crescente dimostrava sicuramente la realtà quotidiana dell'omicidio a Los Angeles, una realtà che raggiungeva vette sempre più alte a mano a mano che il decennio si avvicinava verso la fine. Illustrava inoltre la posizione difficile in cui si trovava la Polizia, che, con talmente pochi indizi su cui lavorare, aveva iniziato a collegare le vittime semplicemente sulla base del genere e di un *modus operandi* simile.

Nei resoconti dei media non occorreva neanche leggere poi tanto tra le righe per rilevare la confusione degli investigatori. Secondo i media, King era stata forse l'undicesima vittima di una serie di omicidi di giovani donne i cui corpi, parzialmente o completamente nudi, erano apparsi sotto cespugli e arbusti nella periferia settentrionale di Los Angeles nel mese precedente. In realtà nessuna delle vittime dello Strangolatore delle colline era stata trovata parzialmente vestita; erano state trovate tutte nude.

Il comandante Phil Booth dell'LAPD dichiarò che gli investigatori pubblici non avevano escluso nessuna delle vittime come possibile bersaglio dello stesso assassino, ma non era stato neanche possibile stabilire con certezza che i vari casi fossero collegati. Con un tono sommesso di sconfitta, ammise che, a causa delle differenze tra i vari casi, le età e i background delle vittime sussisteva una forte possibilità che un certo numero di essi non fosse affatto collegato.

Il tenente Dan Cooke aveva condiviso lo stesso messaggio, ma con un tono leggermente più sinistro, seppure in modo non intenzionale. Aveva comunicato ai giornali che non sapevano se lo Strangolatore fosse un uomo che agiva da solo, oppure se fossero due o più uomini che agivano in gruppo. Puntando alla confusione indotta da fattori come le dimensioni della città, il suo grado d'interconnessione e la sua considerevole popolazione di gente apparentemente fuori di testa, fece notare che tra i vari casi c'erano delle somiglianze ma, poiché erano distribuiti su un'area così vasta, il colpevole poteva non essere 'un uomo solo, ma anche due, tre o quattro'.

Un quadro roseo, davvero. C'erano due, tre, magari quattro, o chissà quanti assassini che stavano violentando e strangolando giovani donne colpendo in modo apparentemente causale in giro per la città.

Il problema era che erano molte le donne che venivano trovate strangolate a Los Angeles e non tutte erano state uccise dallo Strangolatore delle colline. Alcune erano 'banali' vittime di violenza domestica, uccise dai mariti o da ex-partner. Altre erano andate incontro alla loro fine per mano di killer in cerca del brivido, proprio come gli Strangolatori, ma non loro.

In effetti, alla fine degli anni Settanta a Los Angeles c'erano diversi serial killer che prendevano di mira donne. Il bacino delle vittime di ognuno di essi aveva i contorni poco definiti e tendeva a traboccare in quelli degli altri, rendendo tutto quel tanto più difficile da comprendere.

Un omicidio che la stampa aveva collegato al caso dello Strangolatore era quello della diciottenne Jill Barcomb. Scappata da casa da New York e stabilitasi a Hollywood, era stata vista l'ultima volta vicino all'angolo tra Sunset Boulevard e Poinsetta. Il 10 novembre, il suo corpo nudo venne trovato su una strada di servizio al largo di Mulholland Drive, vicino alla casa dell'attore Marlon Brando.

Barcomb era stata abusata sessualmente e strangolata, ma c'erano altre deviazioni dal consueto modus operandi dello Strangolatore. Il suo cranio era stato schiacciato, probabilmente con una roccia che era stata trovata insanguinata vicino alla scena.

La teoria, secondo la quale Barcomb era stata una vittima dello Strangolatore delle colline, era stata incoraggiata da segnalazioni che la vedevano associata a Judy Miller. Infine venne stabilito che il suo omicidio era stata opera di Rodney Alcala, il "Dating Game Killer", così chiamato perché era apparso come concorrente nello show televisivo *The Dating Game*, il 'Gioco delle coppie' americano, alla fine degli anni settanta. Allora Alcala era stato già condannato come stupratore e nonostante ciò era stato comunque scelto come concorrente nello spettacolo; aveva anche già ucciso diverse donne, ma questo ovviamente allora non era noto alla Polizia. Alcala fu condannato con l'accusa di omicidio e sequestro nel 1978, ma la sua condanna venne annullata. La sua carriera da omicida continuò, così come i suoi screzi con la legge, fino a quando fu finalmente catturato e condannato a morte in California, nel 2010, per cinque omicidi commessi tra il 1977 e il 1979. Durante lo show *The Dating Game* aveva vinto un appuntamento con la concorrente Cheryl Bradshaw, che si era rifiutata di uscire con lui dando come ragione il fatto che lo trovava 'inquietante'. Alcala, che si diceva avere un QI da genio, era un fotografo professionista diplomato alla UCLA School of Fine Arts. Il processo d'identificazione delle sue vittime, in corso ancora oggi, poté avanzare soprattutto grazie all'esame della sua collezione di fotografie; molte delle sue vittime avevano posato per lui.

Un'altra giovane donna che i servizi giornalistici avevano collegato allo Strangolatore delle colline era Kathleen Robinson, una studentessa diciassettenne dell'Hollywood High School, che era solita fare autostop in giro per Los Angeles. Il suo corpo strangolato venne ritrovato il 17 novembre in un parcheggio su Pico Boulevard, in Wiltshire. In questo caso non c'erano prove di violenza sessuale, ma il suo nome venne comunque aggiunto all'elenco delle vittime dello Strangolatore.

Pur non avendo la certezza che Robinson fosse stata effettivamente uccisa dagli stessi uomini, all'interno della task force credevano di aver già risolto il suo caso quando arrivò una chiamata da un tipo di nome George Shamshack, che sosteneva di essere stato lui ad aver strangolato Kathleen e ad averla lasciata nel parcheggio nel Wiltshire.

L'agente aveva chiesto altri dettagli e a quel punto fu evidente che Shamshack era a conoscenza solo delle informazioni più superficiali di quell'omicidio, quelle che erano state riportate dalla stampa.

Anche il background di Shamshack avrebbe dovuto sollevare sospetti sull'autenticità della sua confessione: era un detenuto evaso dal Massachusetts, senza alcun legame con Los Angeles. Ma questo non impedì alla Polizia di arrestarlo esclusivamente sulla base di quella confessione e, insieme a lui, un altro individuo che aveva citato come complice: un tale Peter Jones, un tuttofare di Beverly Hills. Quindi la stampa venne informata strategicamente dell'arresto di un sospetto nel caso dello Strangolatore delle colline.

In seguito avrebbero scoperto che in Massachusetts c'erano diversi detenuti che volevano Shamshack morto e la sua speranza era stata quella di farsi incarcerare o almeno di guadagnare un po' di tempo a Los Angeles per non tornare lì.

Quanto a Peter Jones, l'unica ragione per cui era stato chiamato in causa da Shamshack era perché era l'unica persona che aveva una seppur vaga conoscenza di Los Angeles. Il tuttofare era completamente sconcertato quando venne arrestato e non aveva alcuna informazione utile da fornire alla Polizia, nonostante fosse il tipo di sospettato più disponibile e collaborativo. Venne liberato immediatamente, ma l'intera farsa aveva seriamente danneggiato la sua reputazione a Los Angeles: Jones perse il lavoro, ricevette minacce di morte e la finestra del suo appartamento venne distrutta da una sparatoria da auto in corsa. Si trasferì nel Maine per ricominciare da capo, e in seguito vinse una causa per diffamazione contro una stazione televisiva di Boston che aveva fatto il suo nome come sospetto nel caso.

La paura che aveva pervaso la comunità davanti a quei giornali e a quei servizi in televisione, una paura per le proprie mogli e le proprie figlie, prese a diffondersi e mutare come un virus, e diventò paura di vedere la propria reputazione messa a rischio; paura di ritorsioni pubbliche negli uffici delle forze dell'ordine e in politica.

Il panico fa perdere la ragione. Rende le persone avventate e superficiali. Raramente i risultati sono desiderabili. Dietro gli sforzi per fare *impression management*, ossia per rassicurare il pubblico che le autorità avevano sotto controllo una situazione incontrollabile, c'era un vero e proprio senso di impotenza.

Los Angeles stava per essere distrutta dal panico.

Capitolo 11

LAUREN WAGNER SEMBRAVA LA RAGAZZA DELLA PORTA accanto. A diciotto anni viveva ancora con i genitori e i fratelli in una casa modesta in stile ranch in Lemona Street, vicino a Sepulveda Boulevard nella San Fernando Valley.

Lauren era rimasta lì mentre completava gli studi in una vicina scuola di economia aziendale, dove studiava per diventare una segretaria di studio legale, ma le piaceva essere indipendente. Lavorava part-time in un negozietto che vendeva tutto a 99 centesimi e non le piaceva accettare contanti o favori dai suoi genitori, tant'è che a volte, quando non era in casa, Joe Wagner andava di nascosto a riempirle il serbatoio della macchina. In casa contribuiva quanto gli adulti, preparava la cena del Ringraziamento per tutta la famiglia e cuciva vestiti per le sorelle.

Tuttavia, Joe e Judy Wagner non sapevano tutto della figlia. Non sapevano che il ragazzo che stava frequentando di recente in realtà era un uomo sposato. C'era un altro lato della personalità di Lauren, e la sera del 28 novembre, mentre si preparava per un appuntamento con il suo amante, era quest'ultimo a comandare.

Lauren era emozionata per l'appuntamento e prestò particolare attenzione al trucco e ai vestiti. Quando scese le scale per uscire dalla porta di casa, Judy era in cucina. La madre rimase a bocca aperta perché la figlia aveva un aspetto bellissimo. Lauren era una ragazza attraente: snella, con una pelle chiara e perfetta e lunghi capelli rosso ramato. Quando faceva uno sforzo speciale, era mozzafiato.

Negli ultimi tempi tutti parlavano dello Strangolatore delle colline. Tutti avevano paura per le loro figlie e nessuno voleva che le ragazze uscissero da sole la sera. Stando in cucina con la figlia prima che questa andasse via, Judy provò una vaga fitta di apprensione, una tenue ondata di ansia. Ma la mise da parte. Lauren era una persona adulta ormai. Era intelligente e giudiziosa. Sapeva tutto dello Strangolatore e aveva promesso che sarebbe tornata a casa entro le dieci. Aveva sempre fatto esattamente quello che aveva detto che avrebbe fatto, quindi non c'era motivo di dubitare di lei. Ma sembrava così radiosa, vulnerabile, e piena di fiducia, lì nel suo bel vestito. Judy le sfiorò la guancia e le disse di stare attenta.

Lauren andò a incontrare il suo ragazzo e i due fecero l'amore per diverse ore. Lo salutò e tornò a casa in Lemona Street intorno alle 21:30. Mentre rientrava era su di giri e lo Strangolatore delle colline era l'ultima cosa che aveva in testa. E che motivo aveva di temere lo Strangolatore quando era a pochi portoni da quello di casa sua?

Ma non appena Lauren rallentò, loro erano lì. Accostarono l'auto accanto alla sua. Forse Lauren non pensava che ci fosse qualcosa di strano – erano solo dei ragazzi in una macchina – oppure aveva voluto tentare la fuga. In ogni caso, cercò di scendere dall'auto.

Dall'altra parte della strada, Cesar, il dobermann della vicina di casa dei Wagner, Beulah Stofer, iniziò ad abbaiare con forza.

La signora Stofer, non più giovanissima e di salute

cagionevole, si trascinò fuori di casa per cercare di individuare le ragioni di quella commozione.

Sapeva che stava succedendo qualcosa di brutto, ma ebbe un blocco. Rimase paralizzata sul prato, dietro i cespugli, e guardò Lauren che veniva trascinata da due uomini dentro una macchina, una berlina di colore scuro nella parte inferiore e bianco in quella superiore. Uno degli uomini era alto, con i capelli neri e la pelle chiara, butterata intorno al collo. L'altro era più basso, più vecchio e con una criniera di ricci selvaggi.

«*Non la passerete liscia!*» aveva urlato Lauren mentre gli uomini la spingevano dentro l'auto.

Poi, come se non fosse successo nulla, lo sportello si chiuse con un colpo e l'auto partì.

Beulah si coprì la bocca con la mano e deglutì a fatica. Sapeva che cosa aveva appena visto.

Mentre tornava in casa chiedendosi cosa avrebbe dovuto fare e chi avrebbe dovuto chiamare, le parole di Lauren le risuonarono nelle orecchie. Doveva sapere chi erano quegli uomini, e doveva sapere già quale sarebbe stato il suo destino mentre veniva trascinata via nella notte. Una cosa terrificante. Assolutamente, completamente terrificante.

Beulah non dovette riflettere a lungo sulla sua prossima mossa. Quel particolare dilemma venne risolto per lei dal telefono che squillò di lì a poco. Anche se era tardi, Beulah sollevò il ricevitore con una certa apprensione. A parlare fu una voce maschile con un accento della costa orientale:

«La signora con il cane? Faresti meglio a tenere la bocca chiusa su quello che hai visto. Se dici una parola a qualcuno, sei morta.»

Beulah, spaventata a morte, decise di fare proprio come aveva detto l'uomo al telefono.

———

La mattina seguente, al risveglio, i Wagner andarono a dare un'occhiata a Lauren e si accorsero che la sera prima non era tornata a casa. Loro erano andati a dormire prima delle dieci, l'orario in cui Lauren sarebbe dovuta tornare dal suo appuntamento.

A quel punto, rendendosi conto che Lauren era scomparsa da una notte intera, Joe Wagner si disse che doveva essere stata presa dalla serata con il suo ragazzo e non aveva chiamato per farglielo sapere perché era molto tardi.

Ma quel comportamento non era affatto da lei, e non passò molto tempo prima che Joe realizzasse che una razionalizzazione così confortante non poggiava su nessuna base. Guardando fuori, vide la Mustang gialla di Lauren parcheggiata dall'altra parte della strada. Andò in strada per indagare più a fondo e vide che lo sportello dal lato del guidatore era stato lasciato socchiuso e la luce d'emergenza era ancora accesa. Quella era una cattiva notizia. Una notizia terribile.

Joe prese immediatamente a bussare alle porte dei suoi vicini per sapere se avessero visto o sentito qualcosa. Beulah Stofer era reticente a parlare, ma alla fine ammise di aver sentito Lauren litigare per strada con uno o forse due uomini. Poi aveva sentito una macchina che si allontanava. La Mustang di Lauren era parcheggiata lì in strada dalle dieci circa della sera prima.

«Dio mio!» esclamò Joe. «Perché non è venuta a bussare?»

Beulah gli aveva risposto che allora non era stata sicura che si trattasse Lauren. Aveva pensato che potesse trattarsi semplicemente di una ragazza che litigava con il suo fidanzato.

La sua spiegazione si fece ancora più esitante verso la fine e Joe non era affatto convinto. C'era qualcosa di strano. Era come se Beulah sapesse più di quello che stava dicendo. Ma in quel momento non aveva tempo per preoccuparsene. Se c'era qualche probabilità che

Lauren fosse ancora viva da qualche parte, doveva agire. Tornò immediatamente a casa, chiamò la Polizia e denunciò la scomparsa della figlia.

Il pensiero dello Strangolatore della collina si era affacciato alla sua mente dal momento in cui aveva scoperto che Lauren non era mai tornata a casa. Poteva avere torto, e lo sperava veramente, ma finì con il lasciarsi guidare dal cupo presentimento che stava formandosi in lui a ogni momento che passava e con ogni nuova informazione che veniva alla luce. Fino a quel momento stava puntando tutto in quella particolare direzione orribile.

Così, quando l'agente che aveva risposto alla sua chiamata gli disse che era troppo presto per denunciare la scomparsa di Lauren e che sarebbero dovute trascorrere ventiquattro ore intere prima che potessero fare qualcosa, decise su due piedi di riferire la storia di Beulah come se avesse assistito alla cosa lui stesso. Disse di aver visto due uomini che trascinavano Lauren dentro un'auto. Che l'avevano portata via prima che lui potesse fare qualcosa per fermarli.

Non era tanto una bugia quanto una piccola variazione della verità. In ogni caso, funzionò. I poliziotti arrivarono immediatamente in Lemona Street.

Joe non dovette aspettare a lungo per avere conferma delle sue peggiori paure. Quella mattina il detective Bob Grogan fu chiamato al 1217 di Cliff Drive, sulle colline tra Glendale e Mount Washington. Il corpo nudo e strangolato di Lauren era stato trovato sul ciglio della strada. Il busto era parzialmente nascosto dalla vegetazione, ma le sue gambe fuoriuscivano proprio sulla strada.

Chiunque passando in macchina per recarsi al lavoro quella mattina avrebbe potuto vedere chiaramente il cadavere, e fu quello il motivo per cui la notizia aveva raggiunto così rapidamente l'attenzione della Polizia.

Lo stesso pattern di lividi intorno ai polsi, al collo e

alle caviglie, ormai tristemente familiare, disse a Grogan che quella giovane donna aveva incontrato il suo destino per mano degli stessi uomini che avevano ucciso Kristina Weckler.

Questa volta, tuttavia, c'era un segno distintivo leggermente nuovo.

Nell'omicidio di Kristina, Grogan aveva visto prove di tortura nelle ferite da puntura sulle sue braccia. Questa vittima invece aveva alcune lesioni insolite sulle mani. Guardando più da vicino, Grogan stabilì con più sicurezza che si trattava di segni di bruciature, ma non riuscì a capire esattamente come fossero stati fatti. Sulle mani della giovane donna c'era anche una sostanza collosa, forse un residuo dell'adesivo di un qualche tipo di nastro. Sul corpo non c'era altro, fatta eccezione per un'altra sostanza appiccicosa sul seno, forse sperma o saliva.

Tutto ciò sarebbe stato testato in laboratorio per ottenere altri indizi che, si sperava, potessero puntare verso gli assassini. Ciò che era chiaro, a quel punto, era che i responsabili stavano sperimentando con i loro metodi. Erano così profondamente immersi nel loro mondo segreto di omicidi da trovare gusto nella creatività e provare divertimento nella ricerca di metodi sempre più oscuri ed elaborati per sbarazzarsi della loro preda.

A quel punto Grogan aveva il compito per nulla invidiabile di parlare con Judy e Joe Wagner. Come avrebbe dovuto spiegare quello che era successo alla figlia a una madre e a un padre distrutti? In ultima analisi, non c'erano parole. Poteva solo cercare di fare del suo meglio: essere onesto e fornire quanti meno dettagli orribili era possibile.

Era uno degli aspetti più difficili del suo lavoro. Era passato poco tempo da quando aveva incontrato Charles Weckler, il padre di Kristina Weckler. Uno degli uomini più gentili e affabili che avesse mai incontrato, e aveva affrontato tutto con una tale grazia, anche se al di là dei suoi sforzi si poteva vedere chiaramente che il cuore gli si stava spezzando un milione di volte. Non c'era niente che poteva preparare qualcuno per quelle conversazioni. E ora Grogan doveva rifare tutto da capo.

———

Al suo arrivo, la casa di Lemona Street stava già brulicando di giornalisti. Quella massa che si stava accalcando avida, brandendo taccuini e microfoni, era una conferma del fatto che con l'omicidio di Lauren – il terzo nell'arco di pochi giorni – il gioco aveva preso una svolta ancora più misteriosa e fatale. Los Angeles si trovava in un territorio inesplorato.

Lo stesso Grogan si sentiva come se nell'ultima settimana fosse invecchiato di dieci anni. Mentre si avvicinava, Joe Wagner era sul portico e stava cercando di sfuggire a una serie di domande.

«Signor Wagner» disse un giornalista, «perché pensa che sua figlia sia stata rapita?»

«Non lo so» rispose lui. «Perché era una ragazza?»

Non appena lui e Grogan si trovarono all'interno, il padre confessò immediatamente di non aver visto nulla di persona.

Spiegò che a vedere la scena era stata la signora Stofer. Un paio di portoni più in là. Che gli aveva detto di aver sentito Lauren parlare con degli uomini per strada, che l'avevano portata via in macchina. Lui aveva dovuto fare qualcosa per fare venire i poliziotti. Avevano detto che avrebbe dovuto aspettare ventiquattro ore, ed erano semplicemente troppe. Sapeva che a Lauren era successo qualcosa di terribile. Sapeva che si trattava dello Strangolatore.

«Se solo non mi fossi addormentato» disse Joe, trattenendo le lacrime. «Quelli portavano via mia figlia e la uccidevano ed io dormivo nel mio letto.»

I Wagner erano una bella famiglia, una famiglia qualsiasi, che viveva in una casa rispettabile in una zona residenziale cercando di cavarsela tranquillamente in tempi folli. Osservando le loro interazioni, Grogan capì subito che erano eccezionalmente uniti e che la perdita di Lauren, con le sue circostanze particolari, avrebbero devastato la famiglia in modo permanente.

Grogan poteva empatizzare completamente con la piccola bugia raccontata da Joe agli ufficiali, ma la cosa diede un altro tipo di orientamento al lavoro investigativo che doveva essere svolto durante quella visita. Il detective doveva assolutamente parlare con la signora Stofer. Joe aveva detto che Beulah non gli aveva mai riferito quello che aveva visto e sentito, che aveva dovuto bussare lui alla sua porta per scoprire quello che era successo a Lauren.

L'accaduto non la dipingeva affatto come una testimone attendibile, ma dopo aver parlato con lei Grogan si rese conto che c'era una spiegazione molto ragionevole per il suo silenzio fino ad allora. Era spaventata a morte.

Con un po' di persuasione, tra un respiro asmatico e l'altro, Belula raccontò a Grogan della terribile telefonata misteriosa che aveva ricevuto la notte dell'omicidio. Aveva paura che se avesse detto a qualcuno quello che sapeva, lo Strangolatore sarebbe andato a cercarla.

Grogan la rassicurò che la Polizia l'avrebbe protetta. Fino a allora era l'unica testimone oculare che aveva visto entrambi gli uomini, e lui aveva bisogno che lei gli riferisse tutto.

Cesar stava abbaiando, disse Beulah. Lei aveva raggiunto la parte anteriore della casa, aveva guardato fuori dalla finestra e aveva visto Lauren alle prese con due uomini. La sua descrizione fisica dei due uomini risultò ferma e convincente. Era assolutamente sicura che uno fosse più vecchio e più basso dell'altro. Con i capelli ricci. L'uomo più giovane e più alto aveva cicatrici da acne sul collo. Sì, sarebbe stata in grado di identificarli da una foto o durante un confronto. Li aveva visti entrambi chiaramente.

Ma per Grogan c'era qualcosa che non tornava. Come aveva potuto vedere che il giovane aveva cicatrici da acne sul collo da dietro le finestre? La signora Stofer non aveva una buona vista e fuori era buio.

Grogan credeva al racconto della signora Stofer, ma aveva la sensazione che avesse modificato alcuni elementi della sua storia, forse per la vergogna di non aver denunciato l'incidente prima. Secondo lui era probabile che fosse uscita e avesse osservato gli assassini dal cortile anteriore, forse da dietro il recinto o la siepe. I killer dovevano averla vista altrettanto distintamente, altrimenti perché mai avrebbe ricevuto quella minaccia telefonica?

Nell'affermare di aver assistito all'incidente dall'interno della casa, la signora Stofer poteva mantenere l'impressione dell'incertezza di ciò che aveva visto e spiegare perché non lo aveva denunciato.

Grogan giunse alla conclusione che in quella storia doveva esserci molto di più di quello che gli aveva raccontato Beulah, anche se probabilmente non sarebbe riuscito a tirarglielo fuori nell'immediato. Era ancora molto spaventata e chiaramente il colloquio l'aveva sfinita. Sarebbe tornato a parlarle di nuovo in un altro momento.

Capitolo 12

LE CIRCOSTANZE INTORNO AL RAPIMENTO E ALL'OMICIDIO di Lauren Wagner avevano offerto con ogni probabilità un'altra occasione mancata per avvicinarsi di più ai killer. Non è propriamente chiaro se la pista fosse mai stata seguita e, in caso contrario, perché non lo fosse stata.

Chiunque avesse minacciato per telefono la signora Stofer doveva essere uno degli assassini, o qualcuno che era in contatto con loro. Per un individuo non era possibile ottenere il numero di telefono di un utente telefonico fornendo semplicemente un indirizzo senza un nome, a meno che tale individuo non avesse un contatto disposto a fargli un favore all'interno della centrale telefonica. Un interrogatorio approfondito del personale della centralina avrebbe potuto rivelare l'identità dell'uomo misterioso con un accento della costa orientale.

Eppure gli assassini erano ancora in libertà e il 30 novembre l'omicidio di Lauren Wagner, che era apparso su tutti i giornali di Los Angeles, era la notizia principale di ogni testata importante.

Erano passati dieci giorni dal ritrovamento dei corpi di Johnson, Cepeda e Weckler; una settimana da quando Jane King era stata trovata in decomposizione vicino all'autostrada; un giorno da quando il cadavere freddo di

Lauren Wagner era apparso sul marciapiede di una strada suburbana a nord di Los Angeles.

Cinque corpi in poco più di una settimana.

Chiunque fosse lo Strangolatore, senza dubbio si stava godendo la sua nuova notorietà globale; a quel punto tutti sapevano chi era – tutti tranne i poliziotti, davanti ai quali sembrava rimanere tenacemente invisibile.

La conversazione tra Joe Wagner e il giornalista ebbe ampia diffusione.

Perché Lauren era stata uccisa? Joe aveva risposto: *'perché era una ragazza.'*

Era una risposta avvilita data da un uomo devastato a una domanda stupida e insensibile. Da parte sua, Joe era sconcertato per la sottile insinuazione che aveva rilevato nelle parole del giornalista, un'insinuazione secondo la quale Lauren avrebbe potuto provocare in qualche modo il suo stesso stupro e omicidio, per quanto il suggerimento fosse oltraggioso.

D'altra parte, forse la domanda aveva voluto alimentare l'illusione di poter esercitare qualche tipo di controllo sulla minaccia insidiosa. Le prime vittime erano state prese di mira perché stavano facendo qualcosa di sbagliato, stavano vivendo uno stile di vita sbagliato. Quanto a Lauren, beh, forse non sarebbe dovuta uscire di casa la sera tardi vestita in quel modo.

Joe Wagner aveva zittito quel giornalista in fretta. L'unico crimine di Lauren era stato quello di essere una ragazza. Era la risposta giusta. L'unica risposta che chiunque avrebbe potuto trovare.

E in quella risposta c'era la paura. Quegli uomini non stavano uccidendo solo prostitute o ragazze di strada; l'unico criterio che dovevano soddisfare i loro bersagli era di essere giovani donne o ragazzine. Per il resto, andava bene qualsiasi cosa: potevano essere ricche o povere, nere o bianche, studentesse delle zone residenziali o prostitute.

Agli assassini non importava minimamente chi fossero le loro vittime, i dettagli individuali delle loro vite, ciò che avevano o non avevano fatto. Stavano portando avanti una crociata. Le ragazze venivano abusate e profanate e poi annientate nel modo più personale – eppure non c'era niente di personale.

I rapimenti e l'abbandono di cadaveri si stavano verificando in un'area vasta, che sembrava essere incentrata su Hollywood e Glendale, ma arrivava quasi a raggiungere i confini della contea a nord-est. E le vittime venivano portate via dalle strade e trascinate all'interno di auto proprio mentre si spostavano dai loro veicoli verso le porte di casa. Tutto ciò stava a significare che nessuna donna era al sicuro, da nessuna parte.

La dichiarazione fornita da Beulah Stofer aveva confermato i sospetti dei detective: stavano dando la caccia non a uno ma a due uomini che stavano usando la manovra del fingersi poliziotti per adescare le ragazze.

Anche lei, come il ragazzo sull'autobus, aveva descritto un'auto con la parte inferiore scura e il tettuccio bianco. Un'auto con un corpo nero e un tetto bianco era lo schema di colori standard delle auto di pattuglia dell'LAPD. Sembrava anche che le vittime seguissero i loro aggressori volontariamente, per lo meno all'inizio. I genitori di Cepeda e Johnson avevano detto, con un'accidentale nota d'ironia, che pur avendo insegnato alle figlie di guardarsi dagli estranei, avevano detto loro che gli agenti della Polizia erano sicuri e affidabili.

E poi c'era la pulizia dei corpi, l'assenza di ferite da difesa. Sì, le donne erano state legate, ma sembrava che prima di quel momento non avessero percepito alcun pericolo.

La Polizia aveva la certezza quasi assoluta di essere alla ricerca di due uomini che si stavano spacciando per agenti o, cosa ancora più preoccupante, che fossero degli agenti veri e propri che operavano ben al di fuori della legge.

Le autorità erano più che riluttanti a condividere questi sospetti con il pubblico perché temevano di alimentare le fiamme dell'isteria, ma a quel punto realizzarono che avevano poca scelta. L'alternativa era vedersi assegnata la responsabilità del prossimo ritrovamento di una donna uccisa per le strade. Dovevano dare a quelle donne la possibilità di difendersi.

La task force rilasciò un comunicato stampa che avvertiva le donne che si trovavano da sole alla guida in aree buie e isolate di fare attenzione alle automobili che sembravano essere veicoli della Polizia. Ricordarono loro che potevano tenere le portiere chiuse e chiedere agli agenti di mostrare le loro credenziali. Naturalmente, se gli assassini fossero stati dei poliziotti, quell'ultimo consiglio sarebbe stato di scarso aiuto.

Los Angeles si chiedeva quando e dove sarebbe saltato fuori il prossimo cadavere. Sarebbe stato qualcuno che conoscevano? Un'amica? La figlia di un amico? La *propria* figlia? Gli omicidi si sarebbero fermati o sarebbero – se possibile – peggiorati? A quel punto tutti sapevano che sussisteva la probabilità che gli assassini si stessero spacciando per poliziotti, o che lo fossero sul serio, e la domanda sulle labbra di tutte le donne era: "Di chi ci si può fidare?"

E allora, come avrebbe detto in seguito Salerno, si scatenò l'inferno.

"Il nuovo vicino della California meridionale: la paura" recitava il titolo di un articolo del *Los Angeles Times* del 3 dicembre 1977.

Secondo l'articolo le donne si spostavano dalle loro case e dai luoghi di lavoro solo durante le ore diurne e solo in compagnia. Due infermiere del Glendale Memorial Hospital, Patricia Bazzell e Janice Ritchie, avevano detto alla giornalista che uscivano sempre presto per fare la spesa insieme, perché non volevano stare da sole nemmeno di giorno.

Le comunità intorno a Glendale, Highland Park ed

Eagle Rock erano state contagiate dal virus della paura alla fine della settimana del Ringraziamento, quando aveva preso il via la frenesia della stampa e nelle loro ordinate strade di periferia avevano iniziato a comparire i corpi nudi e violati di ragazze bianche e carine della classe media. L'effetto fu immediato ed evidente. La notte scendeva una quiete inquietante. Se c'erano delle donne fuori di casa, erano in compagnia di uomini. Ma soprattutto, per le strade c'erano solo uomini.

D'altronde, come poteva essere altrimenti? I cadaveri erano un messaggio, un monito per tutte le donne.

Ritiratevi, dicevano; tornate nelle vostre case. La città non vi appartiene. Sta per arrivare qualcosa di terribile.

———

I negozianti, soprattutto quelli di Eagle Rock Plaza, si lamentavano del calo degli affari. Ma alcuni rivenditori stavano godendo di un successo superiore a quello che avevano avuto prima degli omicidi.

Armi e munizioni erano sempre state popolari a Los Angeles, ma in quel periodo stavano volando via dagli scaffali. I negozi di articoli sportivi riportarono che le vendite di mazze da baseball erano in forte aumento. Si potevano anche ottenere armi più rudimentali spendendo ancora meno. Molte donne iniziarono a nascondere tubi di piombo sotto i sedili anteriori delle loro auto. Le arti marziali e le lezioni di autodifesa stavano avendo un'improvvisa popolarità e i cani da guardia non venivano più considerati esclusivamente per la protezione della casa.

E poi c'erano i momenti di paranoia che facevano raggelare il sangue, perché nessuno sapeva chi fosse il colpevole, che aspetto avesse, dove poteva essere in agguato. Una giovane donna riferì ai giornali che stava andando a trovare degli amici ad Anaheim, lontano da

Glendale, e si era fermata in un negozio del quartiere. Lì si era resa improvvisamente conto di essere fissata da un paio di occhi maschili ed era fuggita in preda al terrore. In seguito si era resa conto di essersi chiesta inconsciamente se quello fosse l'assassino.

La presenza dello Strangolatore delle colline era avvertita e temuta ovunque, andando a insinuarsi sui volti di qualsiasi estraneo dall'aspetto vagamente predatore. C'era la speranza che presto sarebbe stato trovato e gettato dietro le sbarre, ma le donne dovevano fare i conti con la realtà quotidiana. A Los Angeles tirava un'aria che non prometteva niente di buono e portava un odore di sventura che derivava dal timore che quella follia omicida sarebbe continuata e si sarebbe addirittura intensificata senza che nessuno potesse fare nulla a riguardo. Era senz'altro difficile fare affidamento sulla protezione della Polizia quando c'era la possibilità che gli assassini fossero a loro volta poliziotti.

Per le strade di Hollywood la fiducia nella Polizia era ai minimi storici. Lì le donne sapevano che alcune delle prime vittime erano state ragazze scappate di casa o prostitute, e alcune di loro conoscevano quelle vittime personalmente. Non vedevano di buon occhio gli sforzi fatti dalla Polizia per proteggerle.

Una prostituta di nome Cheryl aveva detto ai giornalisti che la Polizia covava rancore nei loro confronti.

«Non sopportano nulla di ciò che ha a che fare con una donna che vende il proprio corpo o che cerca di guadagnare denaro in ogni modo possibile. Sta a noi prenderci cura l'una dell'altra.»

Le donne che si prostituivano sul Boulevard e la Strip iniziarono a farlo solo in compagnia di un'amica e, mentre una ragazza si accordava con il cliente, l'altra annotava il numero di targa e una sua descrizione. Si appuntavano anche tutti i clienti che si comportavano in modo sospetto o che facevano richieste particolarmente bizzarre o stravaganti, avvertivano le loro colleghe e, se riuscivano ad ottenere l'attenzione di un poliziotto, sporgevano denuncia.

Le soffiate che arrivavano dalla comunità delle prostitute erano solo una parte delle chiamate che inondavano le linee telefoniche del Parker Center. Molte di queste chiamate descrivevano uno scenario familiare e ricorrente.

Sono stata fermata da due uomini che mi hanno fatto una predica per delle cose che non ho mai fatto. Pensavo che fossero poliziotti, ma poi ho capito che non era una vera macchina della Polizia.

Mi ha mostrato il suo distintivo ma, ora che ci penso, non credo che fosse vero.

Avevano quel modo di fare duro e arrogante, proprio da sbirri, ma non credo che lo fossero veramente.

Diverse donne riferirono ripetutamente di essere state seccate per reati minori e immaginari. Di solito c'era qualcosa di strano con i veicoli, con le uniformi degli agenti o con gli equipaggiamenti e i distintivi, qualcosa che non era quello che ci si sarebbe aspettato di vedere durante un'operazione vera e propria.

Gli agenti che presidiavano le linee telefoniche, nel ricevere queste denunce, divennero sempre più preoccupati. Sapevano che a Los Angeles c'erano persone che acquistavano vecchie auto di pattuglia stradale logore durante le aste e le restauravano per i propri scopi. Probabilmente ad alcuni uomini piaceva mettersi in costume per farsi una risata, ma gli agenti cominciarono a farsi l'idea che quel fenomeno fosse più diffuso di quanto pensassero inizialmente. Era bizzarro. Era come se là fuori ci fosse una società segreta che li imitava e interferiva impropriamente nei loro affari. Perché sicuramente quelle chiamate non potevano descrivere tutte degli incontri con gli strangolatori.

Le chiamate preoccupavano anche la task force, perché erano un altro elemento di confusione che veniva gettato in mezzo alle indagini. Non solo non potevano sapere se dietro gli omicidi ci fosse più di un uomo o di una sola squadra, ora dovevano anche fare i conti con una serie di potenziali sospetti che apparivano e agivano nello stesso modo dei criminali veri e propri.

Tutti gli agenti coinvolti nelle indagini erano stati incoraggiati a tenere d'occhio i veicoli che sembravano auto di pattuglia e di controllarli, se possibile, insieme ai loro autisti.

D'altra parte, la task force non poteva ignorare la spiacevole possibilità che gli Strangolatori delle colline provenissero dai loro stessi ranghi.

Anche se si sperava sempre che si trattasse di casi eccezionali, le assunzioni funeste di gente che riusciva a passare inosservata tra le varie procedure di selezione e reclutamento erano tutt'altro che rare; e alcuni uomini erano attratti dallo studio delle procedure di Polizia proprio perché tali conoscenze potevano aiutarli a svolgere e a nascondere i loro crimini anche meglio. Quindi, mentre si proseguiva la caccia agli assassini nella comunità, si rese necessario iniziare anche il processo fastidioso di un'indagine interna, che coinvolgeva la loro stessa gente.

Iniziarono con gli agenti che lavoravano nelle aree in cui si erano verificati i rapimenti e l'abbandono dei cadaveri. Si cominciò a esaminare i registri per verificare la posizione di ogni agente nelle notti degli omicidi e per verificare le attività di ognuno nel momento in questione.

Se un poliziotto si trovava nell'area senza aver risposto a una chiamata specifica, o se si trovava altrove senza un alibi, potevano essere ordinate altre indagini, compresa la sorveglianza. Questa prassi sfociò nell'interrogatorio di alcuni ufficiali, ma alla fine vennero tutti scagionati. Di per sé la cosa fu un sollievo per gli investigatori, ma continuò a tenerli lontani dai loro uomini.

A complicare ulteriormente le cose, i poliziotti di Los

Angeles non godevano affatto di reputazioni irreprensibili con le donne della città.

Un giorno la Polizia di Los Angeles ricevette la chiamata di una giovane donna che pensava di aver appena avuto un incontro con gli strangolatori. Stava guidando quando era stata fermata da quelli che sembravano essere due agenti della buoncostume. Avevano un girofaro rosso ma guidavano un veicolo senza contrassegni. Quando uno dei poliziotti le aveva parlato attraverso il finestrino, la giovane si era sentita intimidita da quello che le era sembrato un modo di fare sospetto e, pensando che potesse trattarsi degli assassini, era scappata sgommando all'incrocio. I due le avevano mostrato un distintivo, lei aveva memorizzato il numero e lo aveva poi incluso nel suo rapporto. I poliziotti l'avevano inseguita per un po', poi lei li aveva seminati.

Le indagini della Polizia portarono alla luce il fatto che i due uomini nell'auto senza contrassegni erano davvero agenti della buoncostume. Erano eccitati dopo aver passato tutta la notte a guardare prostitute e avevano deciso di fare quella che avevano definito una 'trombafermata' alla fine del loro turno – in altre parole, stavano cercando di adescare la donna per fare sesso. Era una pratica abbastanza comune tra i poliziotti, ma nel contesto dell'indagine – o in realtà in qualsiasi contesto – era del tutto imbarazzante.

Quell'incidente, in una prospettiva più ampia, indicava l'esistenza, all'interno dei ranghi della Polizia di Los Angeles, di cultura maschile dai metodi discutibili, per non parlare della sua lunga storia di coinvolgimento inappropriato nelle attività di prostituzione. Non era al di sopra di certi poliziotti avvalersi dei servizi che avrebbero dovuto fermare. Si sapeva anche che alcuni agenti estorcevano favori sessuali in cambio di una fedina penale pulita. Lo sfruttamento sessuale e l'abuso di potere nei confronti delle prostitute erano sempre andati di pari passo con la loro regolazione. C'erano stati stupri, pestaggi e molestie da parte della Polizia.

L'ironia, quindi, stava nel fatto che alcuni elementi meno nobili degli atteggiamenti tenuti dalle forze dell'ordine nei confronti delle prostitute non erano troppo lontani da quelli dei criminali che avrebbero dovuto perseguire.

———

«È un circo, Frank» disse Grogan una sera al bar.

Erano appena venuti a sapere che le dimensioni della task force erano state aumentate fino a comprendere quasi un centinaio di agenti. Servivano a rispondere a tutte le chiamate che non avevano nulla a che fare con il caso in questione.

Le autorità erano state prese dall'agitazione di fronte alla paura crescente e alle recriminazioni del pubblico. Gates era apparso durante un telegiornale per cercare di dipingere le cose sotto una luce positiva, dando l'impressione che stessero lavorando sistematicamente sulle tracce che avevano e che si stessero avvicinando ai loro bersagli. Niente di più lontano dalla verità. Non c'erano scene del crimine, di prove fisiche ce n'erano a malapena e non c'era nessun sospetto vero e proprio. Poi la task force fece la brillante mossa di offrire una ricompensa di $140.000 in cambio d'informazioni che portassero alla cattura dei responsabili e allora ogni Tom, Dick e Harry prese a chiamare dicendo che il killer era il suo vicino, il suo capo o chiunque fosse sulla sua lista nera quella settimana.

«Sì,» disse Salerno, «ma devi considerare che impatto avrà tutto questo sul quadro generale. Per quelli dei piani alti. Se non troviamo questi tipi, quelli perdono le loro posizioni. Ma poi questa diventa una cosa positiva per quelli che stanno dall'altra parte, dico bene?»

I conservatori che si opponevano al sindaco Tom Bradley stavano cercando di dipingerlo come debole nei confronti dei crimini violenti. Se fossero stati in carica loro, dicevano, non sarebbe mai successo. L'assassino sarebbe stato già dietro le sbarre.

«Politica» disse Grogan, con un tono di derisione.

«Fa quasi ridere» disse Salerno. «La gente si aspetta che troviamo questi assassini come facevamo un tempo, ma le cose sono cambiate completamente. Forse mi sbaglio, ma mi sembra che le persone prima si uccidevano a vicenda per motivi legittimi. Adesso è tutto puro intrattenimento.»

«E il mondo sta diventando così complesso» aggiunse Grogan. «Voglio dire, guarda quella task force. Non c'è più… controllo. Ma continuano a dire a tutti che c'è.»

Salerno e Grogan avevano nostalgia dei giorni in cui potevano fare il loro lavoro senza essere ostacolati da un'eccessiva burocrazia e dal trambusto dei media. Avevano così poca fiducia nelle indagini che stavano trattenendo alcune delle informazioni di cui erano in possesso dalla task force, inclusa l'identità dei loro testimoni chiave. Temevano che potessero trapelare alla stampa, magari mettendo in pericolo altre vite.

Durante le prime settimane di dicembre del 1977, l'unico aspetto positivo per gli investigatori fu che ciò che avevano temuto di più – ossia un'escalation del pattern fissato dagli assassini a fine novembre e un'impennata nel conteggio dei morti – non si verificò. Le prime due settimane del mese furono tranquille e nelle strade di periferia e sui pendii non comparvero altri cadaveri di giovani donne.

Salerno e Grogan iniziarono a sperare che l'intensificarsi delle indagini avesse spinto gli assassini a ritirarsi. Potevano essere stati catturati per un motivo non correlato, oppure si erano spostati verso nuovi terreni di caccia, o, meglio ancora, erano morti a loro volta. Ma si sbagliavano.

Gli Strangolatori delle colline si erano semplicemente presi una breve pausa per raccogliere le energie in vista della brutale onda d'urto che stavano per scatenare sulla città.

PARTE II

Una Città In Pugno

Capitolo 13

KIMBERLY DIANE MARTIN POTEVA ANCHE ESSERE GIOVANE, con i suoi diciassette anni, ma nel suo mestiere era già una professionista con molta esperienza. Come tutte le ragazze di Hollywood sapeva dello Strangolatore delle colline e, per evitare i pericoli della prostituzione per le strade, si era iscritta a un'agenzia per accompagnatrici che avrebbe dovuto effettuare controlli sui clienti.

L'agenzia operava sotto la copertura di un servizio per modelli di nudo, ma il suo nome commerciale, Climax, lasciava pochi dubbi sulla vera natura delle sue operazioni. La sera del 13 dicembre l'agenzia ricevette una telefonata da un uomo che si presentò con il nome di Mike Ryan. Il signor Ryan disse che la moglie era fuori città per la prima volta dopo due anni. Voleva una modella; bionda, preferibilmente con la biancheria intima nera.

La centralinista dell'agenzia rispose al signor Ryan che avrebbe trovato una ragazza che corrispondeva alla sua richiesta e l'avrebbe fatto richiamare. Ma il numero che le diede, destò i sospetti della donna. Era il tipo di numero che solitamente indicava un telefono pubblico, non una residenza privata. Le era stato detto di stare in guardia nel caso di chiamate di quel tipo, poiché di solito si trattava di scherzi. Cercò di smascherare il cliente.

«Sta chiamando da un telefono pubblico, signore?»

«Ahah, è curiosa, sa? Tante persone sembrano pensare che questo sia il numero di un telefono pubblico. Deve essere qualche cifra del numero o qualcosa del genere.»

«Esatto. Io l'ho pensato perché la quarta cifra del numero è un '9'. È un telefono pubblico.»

La centralinista, con la sua risposta, aveva cercato di trovare l'equilibrio tra cortesia e smascheramento del potenziale cliente, ma il signor Ryan passò sopra tali sottigliezze, precipitandosi a rispondere alle preoccupazioni con una spiegazione già pronta.

«Deve essere quello il motivo, non sente la mia TV in sottofondo? Vuole che la spenga?»

Il rumore della 'TV' a cui si riferiva era in realtà il sottofondo di utenti che si aggiravano e parlavano nell'atrio della biblioteca pubblica di Hollywood, da dove l'uomo stava effettivamente chiamando da un telefono pubblico.

La centralinista chiamò l'operatore per verificare il numero, ma per uno scherzo crudele del destino, l'operatore le diede la risposta che di solito indicava che il numero era collegato a una residenza privata. «Mi spiace signora, non possiamo fornire queste informazioni.» Il destino di Kimberly Martin, una giovane bionda e attraente che quella sera era di turno con Climax, venne così segnato definitivamente.

'Mike Ryan' aveva indicato come indirizzo l'appartamento 114 presso il numero 1950 di Tamarind Avenue, Hollywood, e Kimberly, che a lavoro si presentava come Donna, venne mandata lì tra le nove e le dieci.

Kimberly raggiunse Tamarind con la sua Oldsmobile e parcheggiò sulla strada un po' più avanti rispetto al complesso residenziale. Come richiesto indossava biancheria intima nera, calze nere e un vestito nero. Al collo Kimberly portava anche un oggetto più personale: una collana d'oro con un ciondolo a forma di corno di ariete.

Gli appartamenti su Tamarind erano stati costruiti negli anni Sessanta, quindi erano relativamente nuovi, ma erano già piuttosto logori a causa del frequente ricambio di inquilini. Era un quartiere di transizione con molti affittuari. L'appartamento 114 era al primo piano.

Kimberly bussò e ad aprirle la porta fu un giovane con i capelli scuri e i baffi. Nell'entrare capì subito che c'era qualcosa di strano.

L'appartamento era nuovo e pulito, con pareti dipinte di bianco e moquette rosso rubino. Troppo nuovo. Troppo pulito. Non c'era nessun mobile. L'appartamento era completamente spoglio.

———

Sari Knapheis, una vedova che viveva da sola al quarto piano, si stava preparando per andare a letto. Sentì diverse urla, trambusto, commozione. Sentì rumore di passi, di gente che correva su e giù per i corridoi.

Non avrebbe assolutamente aperto la porta per vedere cosa stesse succedendo. Sentiva urlare e gridare ogni notte e, ficcare il naso negli affari del tipo di gente che viveva in quell'edificio, non avrebbe mai portato a nulla di buono.

Un altro residente del complesso, che viveva al primo piano, sentì molto chiaramente una donna che urlava: *qualcuno sta cercando di uccidermi!*

Non era il tipo di urlo che avrebbe associato a una disputa domestica. In seguito avrebbe detto che era il peggior grido che avesse mai sentito.

Poco prima di mezzanotte, mentre Kimberly veniva violentata e torturata, Lois Lee, la ricercatrice che studiava la prostituzione, si stava preparando per andare a letto quando le squillò il telefono.

La chiamata proveniva dall'agenzia Climax, dove erano presenti un certo numero di ragazze che Lois conosceva bene grazie alla sua ricerca e al suo lavoro di difesa e sostegno. Una di loro era proprio Kimberly Martin, che a quel punto risultava ufficialmente dispersa; le dissero che non era mai tornata dal suo ultimo appuntamento.

Era possibile che ci fosse una spiegazione più innocente per la scomparsa di Kimberley, ma con gli strangolatori in giro per le strade Lois si preoccupava molto più del solito per le ragazze, specialmente da quando si sapeva che si spacciavano per poliziotti.

Lois annotò il numero di telefono e l'indirizzo fornito da Mike Ryan alla centralinista di Climax. Dopo un po' di ricerche, riuscì a ricondurre il numero alla biblioteca pubblica di Hollywood.

Nella migliore delle ipotesi si trattava di uno scherzo; Kimberly era stata spedita verso un lavoro inesistente e c'era qualche altra spiegazione del motivo per cui non era riuscita a rimettersi in contatto con l'agenzia. Ma tutto quello che aveva scoperto fino a quel momento, non aveva affatto placato le preoccupazioni di Lois. La donna decise di salire in macchina e di recarsi dritta a Tamarind.

Lois vide l'auto di Kimberly parcheggiata sulla strada, ma alla porta dell'appartamento 114 non rispose nessuno, e dall'esterno, attraverso le porte di vetro del patio, si vedeva che il posto era vuoto e privo di arredamento.

Prendendo consapevolezza di una certezza terrificante, Lois chiamò il Dipartimento dello sceriffo. A risponderle fu un agente che disse che non era possibile presentare una segnalazione per la scomparsa di una persona prima che fossero trascorse 24 ore e, poiché Kimberly era una prostituta, e le prostitute erano notoriamente inaffidabili, non sarebbe comunque stata in cima alle loro priorità.

Imperterrita, Lois si recò di persona all'ufficio dello sceriffo per un approfondimento sulla vicenda di Kimberly. La fecero aspettare due ore e poi fu interrogata da due agenti.

Nel frattempo Kimberly era morta.

La chiamata arrivò il 14 dicembre, di prima mattina, quando il cielo aveva appena iniziato a scolorirsi. A trovarla furono due ragazzi che consegnavano giornali durante il loro normale percorso mattutino lungo Alvarado Street, nel quartiere di Echo Park.

Salerno arrivò su una scena che brulicava già di giornalisti e di residenti curiosi e turbati. Raggiungere il sito fu come percorrere un percorso a ostacoli, per via delle auto che bloccavano la strada.

Alvarado Street è una delle strade più lunghe di Los Angeles e sul lato meridionale forma un'importante arteria stradale che collega il nord e il sud della città. L'estremità settentrionale, tuttavia, è per lo più residenziale. Serpeggia tra le colline da cui è possibile ammirare il centro della città ed è molto popolare tra i cacciatori di proprietà per le sue viste mozzafiato sulle luci notturne di Los Angeles.

Salerno attraversò il marciapiede in corrispondenza del numero 2006 di Alvarado nord, un'area deserta, e guardò verso il basso.

Sul lato opposto alla strada, il lotto vuoto si estendeva dalla strada verso il fianco della collina. Kimberly era lì, sdraiata sulla schiena nuda sulla ripida collina erbosa a pochi metri dalla strada, con le membra divaricate davanti a tutto il traffico, gli edifici e i pedoni del centro di Los Angeles. Era stata piazzata in modo osceno, con la vulva che puntava quasi direttamente verso il municipio che si trovava poco più in là. In effetti, il corpo sarebbe stato ben visibile dall'interno di quell'edificio.

Bene, pensò Salerno, *se questo non è un gran bel dito medio...*

Abbandonare un cadavere in modo così indescrivibilmente sfacciato poteva voler dire soltanto una cosa: era una sorta di dichiarazione; una dimostrazione di superiorità, un compiaciuto rimprovero alle autorità che chiaramente non erano riuscite a fermare la loro furia.

Gli investigatori avevano già avuto modo di osservare che l'entusiasmo dei killer stava crescendo e che si stavano dilettando a variare i loro metodi: a Kristina Weckler era stato iniettato un liquido detergente e le lesioni da ustione sulle mani di Lauren Wagner suggerivano che gli uomini si erano lasciati andare con qualche metodo di tortura creativo, forse elettrocuzione. Ora sembrava che stessero giocando con i media, godendo dell'aumento della loro celebrità e schernendo la città con le loro abilità nell'evitare la cattura.

L'omicidio di Kimberly Martin fu un atto di terrorismo. Una dichiarazione di possesso della città. Un modo di dire: *questa città è nostra e noi la teniamo in pugno.*

———

Se quello che stavano cercando gli assassini era la notorietà, alla fine l'avevano ottenuta in abbondanza. Il 14 dicembre, il *Los Angeles Times* pubblicò la notizia dell'omicidio in copertina, insieme a una ripresa aerea del corpo di Kimberly disteso sul lotto di Alvarado in quel modo orribilmente provocatorio, e il titolo in grandi lettere nere, 'Lo Strangolatore colpisce ancora'.

In seguito alla pubblicazione, ci fu una nuova eruzione di paura e d'indignazione. I telegiornali continuavano a presentare il tema della mancanza di progressi da parte della Polizia e quello del terrore all'interno della comunità.

Un giornalista scrisse un articolo che raccoglieva l'opinione pubblica di Glendale e dintorni. Le considerazioni espresse da una giovane donna sullo Strangolatore delle colline vennero mandate in onda ripetutamente dai notiziari della sera.

«È malato. Semplicemente ...malato» affermava, scuotendo la testa da sinistra a destra.

———

La pressione per la risoluzione di quel caso e l'allontanamento di quel mostro dalle strade non era mai stata così alta.

Il modo in cui gli investigatori avrebbero gestito la fase successiva dell'indagine sarebbe stato decisivo, soprattutto perché a quel punto avevano per la prima volta una pista promettente da seguire: un luogo fisico, diversi nuovi testimoni nel complesso di appartamenti e anche una descrizione fisica dei possibili responsabili.

Gli agenti tracciarono l'origine della chiamata ricevuta dall'agenzia Climax fino al telefono pubblico che si trovava nell'atrio della biblioteca comunale di Hollywood in Ivar Street e setacciarono il luogo in cerca di indizi.

Riuscirono a prelevare le impronte digitali dal telefono pubblico ma questo elemento da solo non sarebbe stato di grande aiuto, perché tra quelle impronte non c'erano solo quelle dell'assassino, ma anche molte, molte altre – e non c'era niente con cui abbinarle.

Il personale della biblioteca, tuttavia, riferì di aver visto un uomo che si comportava in modo sospetto nell'atrio nel pomeriggio del giorno della scomparsa di Kim. Lo avevano descritto come alto, scuro e con i baffi. Era stato notato da uno degli assistenti della biblioteca perché si stava trattenendo troppo a lungo al telefono pubblico. Aveva parlato con qualcuno e poi aveva aspettato la richiamata. Anche il parcheggiatore della biblioteca raccontò di aver visto un uomo che corrispondeva a quella descrizione.

Gli assassini erano stati visti anche da un'altra persona quel pomeriggio in biblioteca.

Cheryl Burke stava curiosando tra gli scaffali della biblioteca quando un uomo dai capelli folti l'aveva fissata attraverso un varco. Aveva esibito una faccia minacciosa, scimmiottando un orco, e lei si era spostata rapidamente altrove. L'uomo era poi apparso di nuovo dietro l'angolo, fissandola, giocando a una specie di nascondino malato.

Com'era prevedibile, Cheryl decise di interrompere la sua visita in biblioteca e andò a recuperare la sua auto nel parcheggio.

Lì vide di nuovo lo stesso uomo, questa volta in compagnia di qualcuno più giovane, più alto e con i baffi. Mentre usciva in retromarcia, vide che i due uomini si stavano scambiando alcune parole, poi quello più giovane si era avvicinato alla sua auto e le aveva rivolto uno sguardo gelido mentre lei si allontanava a tutta velocità.

Questi dettagli dell'incontro di Cheryl con gli strangolatori vennero resi noti solo molto tempo dopo, durante il processo. Se la Polizia fosse stata in possesso della sua descrizione dell'uomo baffuto nel recarsi a Tamarind per interrogare i residenti, forse avrebbe potuto gestire le cose in modo diverso. Ma non necessariamente.

Gli investigatori confermarono che l'appartamento numero 114 non era occupato, poiché in quel momento non era in affitto. Sembrava che i killer fossero entrati da una porta di vetro scorrevole non protetta che dava sul patio, ma non c'erano altri segni di disordine. Rilevarono diverse serie d'impronte dalle porte e dalle maniglie, ma ancora una volta non sapevano dove cercare una corrispondenza che rivelasse l'identità degli uomini che stavano cercando.

Ipotizzarono giustamente che ci fosse qualche tipo di collegamento tra gli appartamenti di Tamarind Terrace e gli assassini. Forse uno di loro, o entrambi, vivevano o avevano vissuto lì in passato, oppure avevano un contatto o un partner all'interno del condominio.

Un luogo fisico collegato agli omicidi e forse a coloro che li avevano commessi, poteva essere una svolta importante per il caso. Inoltre, Jane King era stata rapita appena in fondo alla strada, all'angolo tra Tamarind e Franklin. La linea di azione più prudente sarebbe potuta essere quella di dare la massima priorità e attenzione al processo d'intervista dei residenti. Ma le cose non andarono così.

La task force aveva preso il controllo della distribuzione delle risorse per le indagini e aveva inviato a Tamarind degli agenti che non avevano preso parte al lavoro investigativo sugli omicidi precedenti e che quindi non erano a conoscenza di molti aspetti del caso fino a quel momento.

Non sapevano, ad esempio, che un residente del terzo piano a Tamarind era già saltato fuori durante le indagini. In quel momento avrebbe aiutato se i contenuti del taccuino Weckler fossero stati studiati e annotati in modo da poter fare un riferimento incrociato in un secondo momento. Ma non avvenne nemmeno quello.

Un certo numero di residenti riferì agli investigatori di aver sentito urla e trambusto tra le nove e le dieci la notte dell'omicidio, ma non avevano riferito nulla perché nel blocco era comune che gli uomini picchiassero le loro mogli e la cosa era considerata una questione privata.

La maggior parte di questi 'testimoni' erano sporchi e trasandati, poco disponibili, e si comportavano come se l'intera faccenda fosse una seccatura. Così i poliziotti provarono quasi sollievo nel parlare con il signor Kenneth Bianchi, un giovane gentile ed eloquente che li invitò a entrare, offrì loro il caffè ed espose con disinvoltura ed entusiasmo il suo rispetto e la sua ammirazione per la Polizia.

Ecco finalmente un uomo con cui potevano relazionarsi. Ken disse agli ufficiali di avere partecipato di recente al programma per assistere ai pattugliamenti. Era un progetto grazie al quale i civili potevano imparare a conoscere le operazioni di Polizia facendo i passeggeri nelle auto di pattuglia. Era stato ipotizzato che gli strangolatori si spacciassero per agenti di Polizia e avessero un forte interesse per la forza, ma la cosa non fece suonare nessun campanello d'allarme. L'entusiasmo di Bianchi venne visto invece come un elemento a suo favore, che abbassava le possibilità che fosse un sospetto.

Anche la somiglianza dell'uomo con la descrizione fornita dai testimoni della biblioteca – alto, con i capelli scuri e i baffi – non fece scattare nessun sospetto nelle menti dei detective.

Bianchi sembrava assolutamente convincente nei panni di civile preoccupato.

«Questi omicidi sono semplicemente terrificanti! È incredibile quello di cui sono capaci certe persone. Avete la mia più profonda solidarietà, signori, voi che dovete occuparvi di tutto questo. Non può essere facile.»

Gli ufficiali gli chiesero se e che cosa avesse visto o sentito quella notte e la sua risposta coincideva con quelle fornite da molti degli altri residenti.

«Pensavo che ci fosse una lite in corso. Uno screzio tra marito e moglie. Succede sempre in questo palazzo.»

Per quanto riguardava gli investigatori, sembrava tutto a posto. Il colloquio con Bianchi li aveva lasciati più ottimisti di quelli con gli altri residenti.

Era un bravo cittadino. Non era il tipo da ignorare qualcuno nei guai. Ma quando si viveva in un posto come quello, non valevano le stesse regole. Los Angeles era una città grande. C'erano persone di tutti i tipi e succedevano un sacco di cose. Era comprensibile non volersi immischiare negli affari di qualcun altro.

Il colloquio non era stato spiacevole e il caffè era buono, ma non avevano comunque scoperto niente di utile.

Gli agenti se ne andarono convinti che quel colloquio, come tutti gli altri che avevano condotto quel giorno, fosse stato solo un'altra perdita di tempo.

———

Nei giorni seguenti, i giornalisti si riversarono sugli appartamenti di Tamarind per parlare con i residenti e andare a caccia del proprio scoop personale sulla storia. Tra gli intervistati ci fu Irene Weigel, una signora che abitava al quarto piano e amministrava l'edificio.

La donna disse ai giornalisti che il giorno prima dell'omicidio di Kimberly Martin, il lunedì, qualcuno era andato a chiedere informazioni sull'appartamento libero al primo piano. Descrisse un uomo sui vent'anni, che indossava un paio di jeans, una maglietta stampata e aveva i capelli lunghi, castani.

Mentre gli stava mostrando l'appartamento, si era accorta che le luci erano spente, per cui l'aveva lasciato da solo ed era andata in un'altra stanza per accenderle. Secondo lei era stato quello il momento in cui aveva aperto il chiavistello della porta del patio.

Dopo aver visto l'appartamento, l'uomo se n'era andato dicendo – ironicamente, col senno di poi – "Credo che tornerò".

Sembrò inconcepibile che l'amministratrice, che abitava al quarto piano dello stesso condominio di Bianchi, non lo conoscesse o non lo avesse riconosciuto quando era andato a vedere l'appartamento.

La questione sollevava alcune ipotesi: quell'uomo poteva non essere stato Bianchi, oppure la signora Weigel non aveva condiviso quell'informazione con la

Polizia o con i media. Oppure ancora, nessuno indagò la cosa ulteriormente.

A sollevare ulteriori domande c'era il fatto che alcuni residenti avevano riferito alla stampa di avere visto per diverso tempo un uomo che andava e veniva dall'appartamento 114, pur non essendo un residente del complesso. Il 16 dicembre sul *Times Daily* si leggeva che due ex residenti dello stesso condominio avevano riferito in precedenza di avere visto un uomo usare l'appartamento 114, presumibilmente vuoto, per diversi mesi, a più riprese. S'infilava nell'edificio seguendo i residenti quando aprivano le porte esterne, ed entrava nell'appartamento attraverso una porta del patio non sigillata. Lo avevano descritto come un tipo con i capelli lunghi e i baffi.

Era chiaro è che Bianchi stesse agendo proprio sotto il naso degli inquirenti, nascondendosi, per così dire, alla luce del sole.

Era anche evidente che gli indizi e le piste allora disponibili avrebbero dovuto puntare tutte nella direzione di una continua sorveglianza degli appartamenti di Tamarind e di ulteriori interviste ai residenti.

Ma ancora una volta, le cose non andarono così.

Lois Lee, assumendo una posizione più proattiva rispetto agli investigatori, decise di condividere con la stampa la storia del fallimento dei suoi tentativi di attirare l'attenzione della Polizia sulla scomparsa di Kimberly Martin.

Era fuori di sé per l'insensibilità con cui avevano risposto all'incidente, per l'insinuazione che la vita di una prostituta fosse senza valore e per l'apparente indifferenza che avevano mostrato quando si trattava di risolvere un caso che avrebbe dovuto essere in cima alla lista delle loro priorità.

Lois stava anche cercando da mesi di convincere la Polizia a parlare con delle donne che conosceva e che avevano informazioni che era sicura fossero rilevanti per il caso, ma senza successo. Aveva accesso ad alcuni dettagli che suggerivano che gli Strangolatori delle colline fossero dei papponi e che partecipavano o avessero partecipato di recente alle attività di prostituzione a Los Angeles.

Lois non aveva ricevuto alcuna cooperazione da parte della Polizia, ma aveva attirato l'attenzione di diversi giornalisti. Con il loro aiuto, venne mandata in onda durante il telegiornale di KNBC.

Durante il servizio, che venne trasmesso sulla rete nazionale, presentò il suo appello: *Se siete coinvolti nel giro della prostituzione e pensate di sapere chi sia lo Strangolatore delle colline, ma non volete parlare con la Polizia, non chiamate loro, chiamate me.*

Diffuse il suo numero di telefono di casa sulla televisione nazionale, in modo che le persone potessero chiamare direttamente lei.

Quello che seguì, per il Dipartimento dello sceriffo e la task force, fu un disastro dal punto di vista delle pubbliche relazioni. Il giovedì pomeriggio successivo all'omicidio, fuori dal Parker Center si riunirono circa venti donne, tra cui rappresentanti dei servizi sociali, della hotline e femministe attiviste, che protestarono con slogan e cartelli per l'incapacità della Polizia di rispondere prontamente alla scomparsa della Martin.

Quando i giornalisti domandarono loro perché fossero lì, l'organizzatrice del picchetto, Beth Ingber, rispose senza mezzi termini che la Polizia considerava le prostitute delle vittime lecite.

«Stiamo protestando a nome di tutte le prostitute e di tutte le donne.»

Quel clamore davanti al quartier generale della task force fu sensazionale e imbarazzante. Le autorità dovettero intervenire per calmare la situazione.

Il consigliere comunale David Cunningham scrisse una lettera al presidente della Commissione chiedendo un'indagine sul ritardo nel colloquio con Lois Lee. La missiva accusava gli investigatori di non aver agito prontamente sulla base delle numerose chiamate fatte dalla donna e chiedeva che la Commissione, che si trovava a capo della Polizia di Los Angeles, svolgesse delle indagini per determinare quali misure fosse necessario adottare per prevenire il ripetersi in futuro di tali 'sviste'.

Il portavoce della Polizia di Los Angeles, il tenente Dan Cooke, nel rispondere a quelle affermazioni davanti alla stampa, non fece nulla per estinguere tutta quella pubblicità negativa.

Disse che indagare su quello era successo non era la priorità assoluta. «Ci sono undici omicidi che stiamo cercando di risolvere.»

La risposta, francamente sbalorditiva, rivelava anche alcuni aspetti del pensiero della task force rispetto ai crimini. La dichiarazione rivelava che i poliziotti – o almeno la maggior parte di essi – non pensavano che ci fosse una relazione tra il prestare attenzione ai quesiti sulla scomparsa di una prostituta e la risoluzione del caso. E dietro il loro ripetuto rifiuto delle richieste di Lois perché parlassero con le prostitute delle informazioni in loro possesso sembrava esserci lo stesso presupposto. Ma qual era il motivo?

Forse pensavano che ci fossero diversi strangolatori in libertà. Se gli omicidi non erano tutti opera degli stessi uomini, allora forse quelli che avevano ucciso Yolanda Washington e Judy Miller non erano gli stessi che avevano ucciso Kristina Weckler e Lauren Wagner.

O forse erano semplicemente dell'idea che l'omicidio di una prostituta fosse un evento banale, parte integrante del vivere una vita dura a Los Angeles, mentre l'omicidio di una giovane donna di buona famiglia era un evento inconsueto, anormale e orribile.

In realtà, quel pensiero, o l'immagine della realtà che quel pensiero cercava di proteggere, voleva dire che quei due mondi non si intersecavano. La stampa e le autorità stavano cercando di preservare la confortante illusione che la società rispettabile e la malavita criminale fossero separate e che la prima non fosse contaminata dalla seconda.

Ma la realtà di questo caso avrebbe messo fine a quel modo di pensare.

Capitolo 14

Erano passate diverse settimane. Erano morte diverse ragazze. Erano state distrutte diverse famiglie. Le autorità avevano fatto promesse su promesse, ma non erano ancora vicine all'arresto dello Strangolatore delle colline. La frustrazione pubblica crebbe. E a quel punto vennero sollevate delle domande.

L'*Herald Examiner* di Los Angeles espresse ad alta voce i pensieri di molti:

"Perché l'LAPD, che è considerato uno dei migliori al mondo, non riesce a risolvere il caso degli omicidi dello Strangolatore delle colline?"

Più o meno nello stesso periodo, il Los Angeles Times pubblicò un inserto speciale di 60.000 parole sullo stato degli uffici della Polizia. Non trattava l'argomento dello Strangolatore, ma sicuramente era quello il caso che forniva il contesto in cui il rapporto doveva essere ricevuto. L'editoriale criticava la Polizia per la superficialità del lavoro investigativo, l'incapacità di andare fino in fondo con gli arresti e le interviste ai testimoni, la mediocrità del tasso di condanne e le relazioni meno che desiderabili con l'ufficio del procuratore distrettuale.

La Polizia di Los Angeles e la task force continuavano a difendersi dagli attacchi contro la propria competenza mettendo avanti l'incredibile quantità d'informazioni da vagliare in relazione a quel caso.

Sfortunatamente il sovraccarico d'informazioni che aveva trasformato le loro indagini nella ricerca del proverbiale ago nel pagliaio veniva generato non solo da una comunità in preda al panico, ma anche dalla Polizia stessa.

Nel cercare disperatamente una svolta nella risoluzione del caso, avevano allargato il loro campo d'azione e avevano iniziato a esaminare crimini verificatisi in aree anche molto lontane da quelle in cui si erano concentrati i luoghi dei rapimenti e dell'abbandono dei cadaveri. Quelli erano stati incentrati tra Hollywood, Glendale e il confine della contea a nord; ma con il sistema autostradale che dava agli assassini l'accesso a tutta la città, i detective non sapevano dove tracciare i confini delle loro indagini.

La task force aveva deciso di raccogliere e di rivedere i file su tutti i femminicidi irrisolti degli ultimi due anni nell'area più ampia di Los Angeles, spingendosi fino a luoghi lontani come Bakersfield. Senza dubbio stavano cercando disperatamente di mettere le mani su una pista valida, ma in parte erano mossi anche dalla volontà di fornire rassicurazioni e dal desiderio di essere visti all'opera, anche se in realtà erano lontani dal loro obiettivo.

E se fossero stati eseguiti degli arresti connessi allo strangolamento di vittime femminili, che erano stati molti a Los Angeles durante l'autunno e l'inverno, si sarebbe potuto rivendicare almeno brevemente il successo nel dichiarare che si stava detenendo un sospetto nel caso dello Strangolatore, anche se la vittima fosse caduta preda di un altro assassino.

Ad ogni modo, la seconda metà del dicembre del 1977 e l'intero mese di gennaio del 1978 furono un periodo tranquillo per gli strangolatori. Forse erano stati spaventati da quanto erano stati vicini all'essere scoperti con l'omicidio di Kimberly Martin. Di fatto si stavano prendendo una pausa, ma la Polizia e il pubblico non se accorsero e continuarono ad attribuire erroneamente nuovi omicidi di giovani donne a Los Angeles e dintorni allo Strangolatore delle colline.

Margaret Madrid, di sette anni, era stata lasciata sola per cinque minuti un sabato pomeriggio sull'angolo tra Temple Avenue e Amar Road di West Covina, mentre sua sorella entrava in un negozio di alimentari. Venne ritrovata il 6 novembre in un canale di scolo nella città di Industry, nella regione di San Gabriel. Questa zona è adiacente alla periferia nord-est, dove erano state trovate molte delle vittime dello Strangolatore. Diversi articoli di giornale citarono informazioni fornite dalla Polizia che collegavano il suo omicidio agli Strangolatori delle colline.

L'omicidio di Margaret venne risolto soltanto quindici anni dopo, in modo del tutto casuale, e prima di allora nessuno era stato in grado di scoprire cosa fosse accaduto veramente. La Polizia aveva trovato un manoscritto di un killer che si trovava in carcere e utilizzava il nome d'arte di "John Novak".

Il vero nome di John Novak era Manuel Cortez. Era stato condannato per aver ucciso due ragazze di undici anni in Oregon ed era imprigionato nel penitenziario statale di Salem, dove aveva iniziato a lavorare sul manoscritto per ammazzare il tempo. Era stato condannato solo in relazione agli omicidi dell'Oregon, ma gli investigatori sapevano anche che Cortez era stato attivo intorno a San Gabriel alla fine degli anni Settanta.

Con l'aiuto di un collaboratore esterno, Cortez aveva presentato il manoscritto a una manciata di editori interessati. Si trattava di una specie di "diario di un serial killer" che voleva avere la pretesa di presentarsi come una storia di fantasia. La Polizia aveva sequestrato una copia del manoscritto dall'abitazione del collaboratore e al suo interno aveva trovato diversi dettagli su una serie di casi irrisolti risalenti agli anni Settanta, tra cui quello di Margaret Madrid.

Il detective Les Rainey del Commissariato di Eugene, in Oregon, dichiarò che la compresenza degli Strangolatori delle colline nel nord-est della città aveva sempre complicato le indagini sugli omicidi di Cortez a San Gabriel. Tra i casi irrisolti, c'era una buona dose di confusione su quali potessero essere ricondotti a loro e quali a Cortez.

Un altro nome che venne collegato allo Strangolatore delle colline nel novembre 1977 fu quello Therese Berry, una diciannovenne che venne trovata violentata e strangolata a Walnut il 4 novembre, nella parte più a est dell'area metropolitana intorno a Los Angeles e in una contea separata. Una distanza considerevole dai principali luoghi di ritrovamento delle vittime delle colline, ma vicino a Industry, dove era stato scoperto il corpo di Madrid.

A venire accusato e condannato per il suo omicidio, nel 1981, fu un tale di nome Joseph Conrad Humphries che era stato assunto da Loran Berry, il marito di Therese, per assassinare la moglie in modo da poter riscuotere la sua polizza assicurativa sulla vita. Il movente principale era stato il profitto, mentre lo stupro della signora Berry, che tanto aveva confuso la Polizia, era stato un "vantaggio" collaterale, un'opportunità colta da Humphries nel portare a termine l'omicidio.

Come se il numero di femminicidi per strangolamento in tutta Los Angeles non fosse già sufficiente a confondere gli investigatori, si pensava che alcuni di essi fossero omicidi copycat, progettati appositamente per assomigliare al lavoro dello Strangolatore.

In un caso che aveva attirato quel livello di esposizione mediatica, l'effetto copycat doveva essere considerato una possibilità, per quanto sgradevole. Gli individui che commettono crimini per imitazione sono per lo più gravemente disturbati e le loro azioni sono provocate dalla massiccia attenzione dei media per i casi di alto profilo, che saturano il discorso pubblico. A volte, tuttavia, il motivo è più sinistro.

Carolyn Williams, ventuno anni, e Paula Ward, di diciotto, furono assassinate durante il fine settimana del Natale del 1977. Il corpo parzialmente nudo e strangolato dela Williams venne trovato in un parcheggio nel distretto del Wiltshire, e la Ward fu trovata lo stesso giorno al Rose Bowl di Pasadena. In relazione a questi omicidi, la Polizia arrestò Thomas Davis, di 24 anni, e Stephen d'Orsey Devezin, di 40. I due uomini erano stati identificati tramite una targa ed erano stati rintracciati in un motel dove uno dei dipendenti aveva riferito di aver visto un uomo che trasportava verso un auto quello che sembrava essere un corpo avvolto in una coperta.

Pensando di aver risolto il caso dello Strangolatore delle colline, la Polizia investigativa di Pasadena si mise immediatamente in contatto con la task force. Ma le differenze tra gli omicidi Williams-Ward e gli altri casi erano evidenti. Per prima cosa, Davis e Devezin erano neri, e fino a quel momento i resoconti dei testimoni oculari avevano indicato che gli autori degli omicidi delle colline erano caucasici. Inoltre, Williams e Ward non erano state aggredite sessualmente.

Davis e Devezin vennero rapidamente esclusi dalla lista dei sospetti nei casi dello Strangolatore, ma Daryl Gates alluse pubblicamente alla possibilità che Williams e Ward fossero state uccise per qualche desiderio perverso di buttare la Polizia fuori pista e allontanarla dalle tracce dei veri assassini, parlando, nei comunicati stampa, di omicidi copycat, commessi per 'spostare la colpa su qualcun altro'.

Sulla scia di quest'ultimo fiasco, la mancanza di progressi venne attribuita sempre di più al dissenso tra i ranghi. I titoli dei giornali avevano un tono ripetitivo:

"L'indagine sullo Strangolatore è ostacolata da un fiume di problemi"

"Lotte interne alla Polizia ostacolano le indagini sugli omicidi"

I diversi dipartimenti coinvolti nelle indagini non riuscivano a raggiungere un accordo sui corpi da collegare agli Strangolatori, o su quali, e quante, informazioni dovessero essere rilasciate ai media e al pubblico.

La confusione emerse anche quando il comandante della Polizia di Los Angeles, William Booth, rifiutò pubblicamente, ancora una volta, di identificare le vittime dello stesso assassino (fatta eccezione per quelle di Ward e Williams). Gli investigatori del coroner facevano parte della task force, ma non concordavano con la Polizia sui dettagli da divulgare. Le tensioni tra i dipartimenti di Glendale e di Los Angeles crebbero ancora quando il capo della Polizia di Glendale, Duane Baker, si lasciò sfuggire un'osservazione sulla natura sessuale dei crimini durante un incontro pubblico. Quei dettagli erano stati tenuti in gran parte nascosti al pubblico per avere più informazioni da sfruttare durante l'interrogatorio dei sospetti.

Nel periodo di Natale del 1977, nonostante le riserve della Polizia sulla possibilità di collegare in modo definitivo i numerosi casi di strangolamento avvenuti a Los Angeles durante l'autunno e l'inverno, la stampa continuava a riportare che il numero delle vittime dello Strangolatore delle colline oscillava tra le dodici e le tredici. In realtà, fino a allora, il numero reale era nove, ma tra la comunità presa dalla convinzione che la furia stesse continuando e persino aumentando, e con così tanta pubblicità negativa sulla gestione del caso, la pressione perché la Polizia fermasse dei sospetti era più alta che mai.

L'8 febbraio del 1978 la Polizia annunciò l'esistenza di una pista possibile con un candidato ammissibile.

In precedenza, il 19 gennaio, Daryl Gates aveva

chiesto pubblicamente agli strangolatori di farsi avanti e di arrendersi. Poi, come una manna dal cielo, presso l'ufficio del sindaco Tom Bradley era arrivata una lettera con un timbro postale del 19 gennaio, in cui il mittente affermava di essere lo Strangolatore delle colline.

Caro signor sindaco, PER FAVORE!! Mi creda. Sono molto malato ma non voglio tornare in quel posto. Odio quel posto! È stata mia madre a dirmi di uccidere quelle ragazze cattive e malvagie. Non è colpa mia. Mia madre mi fa male alla testa è per questo che la uccido ma non riesco a togliermela dalla testa e continua a tornare.

Questo incipit offriva un buon assaggio del resto del testo: sei pagine di sproloqui sostanzialmente incoerenti, vergate a mano con una scrittura infantile e ripetitiva, a matita.

L'autore si offriva di consegnare se stesso e il suo complice all'ufficio del sindaco in cambio di alcune assicurazioni per la sua sicurezza, lasciando intendere che se le autorità non avessero intrapreso delle azioni in risposta alla lettera e preparato un rifugio sicuro, lo Strangolatore avrebbe colpito di nuovo.

Gates convocò immediatamente una conferenza stampa. Il suo comunicato stampa riuscì a evitare con prudenza sia di dichiarare vittoria sia di dire molto. Non c'era nulla che dimostrasse che la lettera fosse davvero dello Strangolatore delle colline, ma la stavano prendendo sul serio. Rivelò poi la notizia piuttosto sconvolgente dell'esistenza di un dettaglio, all'interno della lettera che, se verificato, avrebbe dimostrato che l'autore della lettera era proprio lo Strangolatore.

Il dettaglio a cui si riferiva Gates era un oggetto di cui l'autore della lettera sarebbe dovuto essere in possesso. Gates non rivelò la natura dell'oggetto in questione, ma disse ai giornalisti lì riuniti che se fosse stato effettivamente in possesso dell'autore, "sarebbero stati inclini a credere che si trattasse davvero dell'assassino".

Venne poi garantito pubblicamente che la lettera era

stata esaminata dalla task force e la decisione di tenere la conferenza stampa era stata presa con l'approvazione della Polizia.

Ma dietro le quinte del Parker Center la storia era piuttosto diversa. Diversi ufficiali della task force erano rimasti irritati da quella conferenza pubblica sulla lettera perché abbastanza convinti che si trattasse di una bufala. Dopotutto, se ci si basava sull'osservazione dei suoi crimini, fino a quel momento nulla aveva suggerito che lo Strangolatore delle colline fosse malato, confuso o che avesse delle disabilità intellettive.

All'interno della lettera nulla suggeriva che l'autore fosse in possesso d'informazioni sugli omicidi al di là di quanto riportato dai media, e pensavano che le probabilità che il vero autore fosse incline a costituirsi, specialmente in risposta a un appello pubblico della Polizia, fossero scarse, se non addirittura inesistenti.

In seguito venne fuori che l'autore della lettera era un paziente con un grave disturbo mentale che era fuggito da un istituto. Era stato confinato in ospedale dopo aver ucciso sua madre da bambino, un fatto a cui, come abbiamo visto, si alludeva vagamente nella lettera stessa. La madre usava una bombola di ossigeno e il bambino aveva reciso il tubo, lasciandola morire nel sonno. L'uomo era terrorizzato dall'idea di tornare in ospedale, motivo per cui aveva contattato l'ufficio del sindaco con una confessione falsa, implorando di essere preso in custodia cautelare. Era considerato un pericolo per se stesso, ma probabilmente non per gli altri.

Si scoprì anche che alcuni membri della stampa conoscevano già l'identità di quell'uomo, perché aveva infestato i luoghi in cui erano state scaricate le vittime delle colline dicendo ai giornalisti e a chiunque altro lì vicino lo stesse a sentire, che era lui lo Strangolatore delle colline e che si sarebbe consegnato al sindaco. I giornalisti sapevano che l'uomo era solo un pazzo e non lo Strangolatore, ma nessuno aveva cerato di aiutarlo, di allontanarlo dalla strada o di allertare la Polizia.

—————

Quando quella pista promettente non portò alcun risultato, trasformandosi invece in un altro disastro di pubbliche relazioni, la Polizia decise di reindirizzare l'attenzione del pubblico con l'annuncio, il 19 febbraio, di un altro "possibile sospettato".

"Solo a Los Angeles", avrebbe commentato in seguito la gente riguardo al tentativo di proporre Ned York, attore trentasettenne, come Strangolatore delle colline.

Era quasi troppo perfetto. Non solo York era un intrattenitore di Hollywood, era anche conosciuto in particolare per il suo ruolo in un poliziesco, il popolare e longevo *Starsky e Hutch*. La Polizia aveva ricevuto una telefonata incoerente da parte di York, durante la quale aveva riferito di avere delle informazioni sugli omicidi delle colline, per cui venne convocato per un interrogatorio.

Durante l'intervista, uno York agitato e in lacrime prima divenne completamente incoerente e poi si addormentò. La spiegazione del suo comportamento era la droga, un problema comune tra gli attori di Hollywood. York era un tossicodipendente sotto l'effetto di cocaina ed era anche nel bel mezzo di una crisi matrimoniale. Aveva cercato di sfogarsi buttandosi sul consumo di PCP, aveva perso completamente il controllo e aveva chiamato la Polizia. In seguito avrebbe spiegato la sua falsa testimonianza come una malaccorta richiesta di aiuto.

Dal momento in cui lo avevano portato dentro, i poliziotti non avevano mai pensato sul serio che York avesse qualcosa a che fare con il caso. Ma, giacché aveva confessato, decisero di rendere pubblico il suo arresto per pilotare un po' l'attenzione generale.

Di fatto, l'episodio concluse la carriera d'attore di Ned York. Nel maggio del 1978 York, pieno di rimorso, disse ai giornali di essere stato abbandonato dagli amici e dal suo agente e di essere stato costretto a fare affidamento sul sussidio di disoccupazione. Aveva sempre voluto la fama, disse, non la diffamazione. Di sicuro la sua non era stata una trovata pubblicitaria sconsiderata. Chi diavolo avrebbe voluto quel tipo di pubblicità?

———

L'arresto di Ned York non era stato il primo punto d'incontro tra il mondo dell'omicidio seriale e Hollywood, nella cronaca sugli Strangolatori.

Catharine Lorre Baker era nata sotto una cattiva stella. Cinque anni dopo la scomparsa del padre, era rimasta orfana a diciassette anni, quando all'improvviso era morta anche sua madre. Soffriva di diabete mellito e la sua vita era stata piena di dolore cronico e cure mediche per le patologie a esso correlate, e molte si erano rivelate senza successo.

Ma aveva una cosa a suo favore. Suo padre, quello che era morto quando lei aveva undici anni, era l'attore Peter Lorre, motivo per cui, per puro caso, si ritrovava ad avere a sua volta il privilegio di un certo grado di fama e di stima pubblica.

Una notte di quel 1977, Catharine, allora venticinquenne, stava camminando a piedi nel centro di Los Angeles per andare a incontrare suo marito, che era appena uscito dal lavoro. All'angolo tra Highland e Hawthorne, una Cadillac blu sterzò e si fermò stridendo davanti a lei, bloccandole la strada.

Due uomini scesero dall'auto e si diressero verso di lei, e Catharine fece un passo indietro. Mostrandole quello che sembrava essere un distintivo della Polizia, le chiesero la carta d'identità.

Catharine aveva con sé i suoi documenti di cittadinanza e li mostrò ai "poliziotti". Le carte riportavano che il suo nome era Catharine Lorre e che era nata ad Amburgo, in Germania, nel 1953. Come padre era indicato Peter Lorre, attore cinematografico.

Il più giovane dei due uomini, che inizialmente si era rivolto a Catharine in un modo estremamente brusco e gelido, divenne improvvisamente molto amichevole e informale, come se fossero stati vecchi amici che chiacchieravano davanti a un drink. Sorridendo e toccando la fotografia con l'indice domandò se quello fosse *quel* Peter Lorre.

«Ah, sì» rispose Catharine.

Tirò fuori una vecchia fotografia dalla borsetta e la diede al poliziotto. Nella foto, una piccola Catharine era seduta sulle ginocchia di Peter Lorre con il suo caratteristico viso tondeggiante che lo aveva reso riconoscibile in tutto il mondo.

«Ma va'. È davvero Peter Lorre! Ehi, Tony, abbiamo la figlia di Peter Lorre, qui!»

L'altro agente esaminò la foto.

«Beh, ma guarda un po'. Quante probabilità ci sono?»

I due divennero eccitati come bambini piccoli e iniziarono a confrontare i loro momenti preferiti dei film di Lorre come se Catharine non fosse nemmeno lì.

Peter Lorre era di origine austriaca ed era diventato famoso dopo aver interpretato un serial killer e uno stupratore di bambini nel film tedesco del 1931 intitolato *M*. Negli anni successivi si era trasferito in California e aveva coperto diversi ruoli di mostri e assassini nei film gialli e dell'orrore per Warner Bros e Roger Corman.

I due "poliziotti" erano grandi fan del suo lavoro.

«Beh,» dissero a Catherine, «adesso è meglio che

vada... e faccia attenzione, non dovrebbe camminare da sola la notte, sa, non è sicuro.»

Catharine Lorre si era appena imbattuta negli Strangolatori delle colline. L'unico motivo per cui era ancora viva era perché era la figlia di Peter Lorre, ma lei continuò per la sua strada per incontrare il marito, completamente ignara di tutto.

Capitolo 15

TUTTE QUELLE PISTE STRAMPALATE AVEVANO PERMESSO alla Polizia di guadagnare un po' di tempo davanti agli occhi del pubblico, ma dietro le quinte stavano cercando disperatamente una vera svolta per la risoluzione del caso. Quella disperazione li portò a considerare opzioni che normalmente non avrebbero considerato.

C'erano stati svariati tipi di offerte di aiuto da parte di sensitivi, psichiatri e investigatori privati. All'interno della task force avevano i loro dubbi sulla validità di molte di quelle offerte, ma si resero conto anche che, a quel punto, forse avevano bisogno di pensare fuori dagli schemi. Alla Polizia di Los Angeles era arrivata una lettera da parte di un investigatore privato tedesco che prometteva di risolvere il caso al prezzo di un biglietto aereo. Bob Grogan non riusciva a pronunciare il nome dell'uomo, e quindi lo chiamava scherzosamente "Dr. Shikelgruber". Quest'aneddoto dovrebbe dare un'idea generale del livello di serietà con cui veniva preso in considerazione l'investigatore privato.

"Dr. Schickelgruber", in realtà, aveva scritto diverse volte. Grogan aveva risposto alle sue lettere, mantenendo una sorta di corrispondenza occasionale, per lo più per divertimento e curiosità, ma non aveva mai accolto la sua offerta di volare a Los Angeles.

Il detective tedesco, tuttavia, era determinato. Alla fine si era recato a Los Angeles di propria iniziativa e si era presentato davanti alla Questura chiedendo di incontrarlo.

Secondo la sua descrizione, gli uomini che avrebbero dovuto cercare erano:

Due italiani. Probabilmente fratelli. Attorno ai trentacinque anni.

Grogan non aveva modo di giudicare quella valutazione apparentemente casuale. Il tedesco non parlava molto bene l'inglese e, a causa della barriera linguistica, non poteva comunicare chiaramente come fosse arrivato a quella conclusione. Grogan rimase indifferente e lo congedò sbrigativamente.

Naturalmente, il "Dr. Shickelgruber" era sorprendentemente vicino al vero.

Nel 1977 e 1978, quando erano in corso gli omicidi delle colline, l'Unità di scienze comportamentali dell'FBI era ancora relativamente agli inizi. Era stata fondata nel 1972, ed era lì che sarebbe stato coniato il termine "serial killer" e sarebbe stata sviluppata la scienza del profiling criminale. Nessuno può sapere come il detective di Berlino sia giunto alle sue conclusioni, tuttavia sembra possibile che fosse a conoscenza di alcune tecniche di profilazione, forse anche in modo semplicemente intuitivo.

Se i poliziotti di Los Angeles avessero preso sul serio l'affermazione che gli assassini erano italiani, pochi semplici passi li avrebbero condotti dritti al loro uomo. Se gli investigatori fossero stati in grado di ipotizzare che stavano cercando un italiano tra i residenti degli appartamenti di Tamarind, dove era stata attirata Kimberly Martin per il suo omicidio, o di quelli di East Garfield Avenue, dove Kristina Weckler risiedeva ed era stata vista l'ultima volta prima di essere uccisa, un controllo dei registri degli inquilini precedenti avrebbe rivelato che uno degli uomini che stavano cercando era Kenneth Bianchi.

Un gruppo di psichiatri e di psicologi le cui opinioni erano state sollecitate per un articolo sul Los Angeles Times aveva le proprie teorie sul tipo di uomo a cui la Polizia avrebbe dovuto dare la caccia. Le loro opinioni rigurgitavano lo stereotipo del criminale come un solitario antisociale, una creatura che la società non era riuscita a integrare con successo.

Si pensava che lo Strangolatore delle colline fosse bianco e avesse circa venti o poco più di trent'anni. Non era sposato, era single o divorziato, in ogni caso "sicuramente non viveva con una donna".

Probabilmente era disoccupato o viveva di lavori occasionali a breve termine perché i suoi problemi con l'autorità gli avrebbero impedito di mantenere un lavoro più a lungo. Era "al tempo stesso passivo, freddo e manipolatore". Probabilmente aveva già una fedina penale sporca per reati minori. Veniva da una famiglia distrutta e segnata dalla crudeltà, soprattutto femminile, presumibilmente della madre. Come tutti gli assassini psicopatici da bambino o da adolescente doveva avere bagnato il letto, torturato animali o dato fuoco alle cose. Secondo il consenso generale non dovevano piacergli i rapporti intimi nel senso tradizionale. La fonte della sua gratificazione sessuale era l'uccisione stessa. Forse era un necrofilo: il piacere per lui veniva dal fare sesso con una donna dopo che l'aveva uccisa.

Il Dr. Louis Jolyon West, Presidente della facoltà di Psichiatria e Scienze Comportamentali presso la UCLA e Direttore dell'Istituto di Neuropsichiatria della stessa università, aveva respinto la teoria dalla "squadra di assassini". Credeva che lo Strangolatore fosse un uomo che viveva ai margini della società e che nessuno avrebbe sospettato. Gli piaceva il brivido del pericolo e si credeva invincibile. Solo gli omosessuali uccidevano in gruppo, aveva affermato.

Alcuni dei profili erano sulla strada giusta, ma comunque troppo vaghi per essere di qualche utilità per trovare gli assassini. Di ragazzi bianchi che avevano un lavoro irregolare e odiavano le loro madri ce n'erano a bizzeffe, sia a Los Angeles che altrove. In quelle teorie c'era probabilmente la stessa ingenuità che impediva alla Polizia di guardare abbastanza da vicino determinati sospetti e situazioni. Si dava per scontato che lo Strangolatore delle colline fosse completamente aberrante, una creatura emarginata dalla società normale, che si aggirava ai suoi margini. Ma questo era lontano dalla verità.

I tentativi di creare un identikit furono invece più accurati. La task force aveva incaricato un artista forense di mettere insieme una serie di disegni tratti dalle varie dichiarazioni dei testimoni.

C'erano alcune temi costanti e ricorrenti nelle descrizioni fisiche dei sospetti. Entrambi gli uomini avevano i capelli molto scuri, verso l'estremità nera dello spettro dei colori. Si riteneva possibile che la loro origine etnica fosse latina o mediterranea; il più anziano era stato descritto più di una volta come di aspetto portoricano. Quasi tutti avevano menzionato la sua folta chioma di capelli ricci e avevano detto che aveva una carnagione olivastra. Il più giovane però aveva la pelle chiara. Era stato detto più volte che aveva i baffi e delle cicatrici da acne sulla parte inferiore del viso.

L'artista forense non poteva sapere che il suo disegno aveva effettivamente prodotto una somiglianza estrema con uno degli uomini che stavano cercando. Dal disegno lo sguardo di quell'uomo fissava con occhi intensi e penetranti. La struttura del viso era un po' lunga e spigolosa, con un naso diritto e sottile.

L'unica confusione che continuava a esserci sembrava girare intorno ai capelli. L'artista aveva disegnato più volte lo stesso viso con acconciature diverse: alcune corte e rasate, altre lunghe e mosse.

Questo furtivo predatore della fauna selvatica americana era molto creativo nelle sue tattiche di mimetizzazione.

Capitolo 16

NATALE ARRIVÒ E PASSÒ SENZA INCIDENTI. POI ARRIVÒ UN nuovo anno: 1978. Gli anni nuovi spingono le persone verso la speranza e il fragile ottimismo che le cose possano migliorare, che possano cominciare da zero.

Ma il 16 febbraio 1978 ci fu un nuovo episodio. Jan Sims, un'insegnante di mezza età presso la Heritage School di Glendale, stava guidando la sua auto lungo la Riverside Drive di Burbank quando vide un uomo che cercava di trascinare una ragazza nella propria auto.

Era circa mezzogiorno durante una limpida giornata di sole, ma nemmeno quello bastò a dissuaderli. Erano proprio lì, in pieno giorno, con intorno più dell'occasionale macchina e il pedone di passaggio.

L'uomo, sulla quarantina, snello ma atletico, teneva la ragazza per le braccia. Lei si trovava lì in attesa di un autobus e lui la stava trascinando via dalla fermata verso una Excalibur accostata al marciapiede. Il suo complice stava aspettando all'interno del veicolo. Jan vide anche lui, ma meno distintamente.

La signora Sims non aveva paura di un uomo meschino qualsiasi. Scese dalla macchina e si diresse verso di lui agitando il dito e rimproverandolo come se fosse stato uno dei suoi studenti:

«Lasciala in pace! Allontanati da lei in questo istante! Chiamo la Polizia.»

Sorpreso, l'uomo lasciò andare le braccia della ragazza e questa si abbandonò con riconoscenza in quelle della signora Sims, le sue lacrime di paura si trasformarono in lacrime di sollievo.

L'uomo era furioso. Chi pensava di essere quella vecchia strega, per interromperlo e rovinargli i piani?

Jan fece salire la ragazza nella sua macchina. Nel mentre l'uomo la fissò con uno sguardo pieno d'ira e le lanciò un'insolita stoccata finale, che la signora Sims avrebbe poi incluso nel suo rapporto alla Polizia:

«Questa la pagherai! Dio te la farà pagare!»

La signora Sims si fermò per un po' a confortare la ragazza, poi le fece prendere un autobus per tornare a casa in sicurezza. Qualche tempo dopo si rese conto di non essere mai venuta a sapere il nome della ragazza. Ma l'incidente continuava a ripetersi nella sua mente, e ne fu abbastanza turbata da decidere che doveva denunciarlo alla Polizia.

Raccolse i suoi pensieri e si convinse sempre di più di avere fermato un tentativo di rapimento da parte dello Strangolatore delle colline. Se non si fosse trovata nel posto giusto al momento giusto, quella ragazza sarebbe probabilmente morta.

Disse la stessa cosa alla stazione di North Hollywood, ma la Polizia non voleva sentirne parlare. Come i poliziotti di tutta Los Angeles, anche lì gli agenti erano abituati a ricevere tonnellate di soffiate simili da parte di cittadini isterici.

Oh, certo, lo Strangolatore delle colline, dicevano, facendo compilare al cittadino allarmato alcune scartoffie che avrebbero messo in archivio e non avrebbero guardato mai più. *È un po' dappertutto in questi giorni...*

L'agente che ricevette il rapporto della signora Sims non credette a una parola. Secondo lui la donna aveva inventato tutto, oppure non aveva visto davvero quello che pensava di aver visto.

Quante erano le probabilità che i loro uomini provassero a portare via una ragazza da una strada trafficata in pieno giorno? Disse alla signora Sims di andare a casa, sollevare i piedi e rilassarsi. Avrebbe archiviato il suo rapporto insieme a tutti gli altri presunti avvistamenti dello Strangolatore.

La settimana successiva, la signora Sims cercò di nuovo di parlare con la Polizia. Telefonò alla stazione di North Hollywood per informarla di aver visto la stessa macchina, l'Excalibur, parcheggiata lungo Colorado Street a Glendale.

L'agente che aveva risposto alla chiamata era seccato dal fatto che la signora Sims si fosse presa la briga di importunare nuovamente la Polizia. Avevano del lavoro vero da svolgere. Le disse che avrebbe scritto una relazione da aggiungere alla sua dichiarazione originale, e quello fu quanto.

Dopo essere stata liquidata due volte, la signora Sims non ritenne opportuno contattare di nuovo la Polizia per comunicare che, dopo averci pensato meglio, si era resa conto di aver visto uno dei due uomini dell'Excalibur in un'altra occasione.

Poche settimane prima del tentato rapimento della ragazza alla fermata dell'autobus, la signora Sims si era fermata in un parcheggio a Lankershim, nella Valley.

Stava aspettando sua figlia, era andata a prenderla dal lavoro. Uno dei due uomini, quello più giovane e più alto, con la pelle butterata, stava gironzolando nel parcheggio. In quell'occasione indossava un completo scuro a tre pezzi e portava una valigetta. Aveva notato che la signora Sims lo stava osservando, si era avvicinato alla sua macchina e, attraverso il finestrino, le aveva chiesto cosa stesse facendo in quel posto.

Quando la signora Sims spiegò che stava aspettando sua figlia e l'uomo le aveva detto che stava "controllando" soltanto perché era il responsabile della sicurezza dell'edificio. La signora Sims si era ricordata dell'episodio perché in quell'uomo c'era qualcosa che l'aveva fatta sentire molto a disagio. Non gli aveva creduto quando le aveva detto che faceva parte del personale di sicurezza. In effetti, anche se era stato lui ad averla accusata, in qualche modo, di "bighellonare", lei aveva avuto l'impressione che fosse lui a farlo.

Se la signora Sims se la fosse sentita di riferire quelle informazioni alla Polizia e se i poliziotti l'avessero presa sul serio, avrebbero acciuffato il loro uomo. Un controllo delle persone associate a quell'edificio avrebbe rivelato il nome di Bianchi e le sue impronte sarebbero combaciate con quelle prese dal telefono pubblico della biblioteca di Hollywood e dall'appartamento al 1950 di Tamarind.

Ma per come erano andate le cose, la signora Sims era stata talmente scoraggiata dalla sua esperienza con la Polizia che non la contattò mai più.

Poche ore dopo il suo salvataggio della ragazza su Riverside, era morta la ventenne Cindy Lee Hudspeth, la decima vittima degli Strangolatori delle colline.

La signora Sims aveva davvero intercettato un tentativo di rapimento e i due uomini avevano tentato di nuovo la loro fortuna quello stesso giorno, più tardi, questa volta con successo.

Nessuno di questi retroscena dell'omicidio di Hudspeth sarebbe venuto a galla fino a molto tempo più tardi.

Il pomeriggio del 17 febbraio, il giorno dopo la sua scomparsa, Salerno era stato chiamato sulle colline del Los Angeles Crest, appena oltre il confine tra Glendale e Pasadena. Un addetto ai servizi forestali che stava guidando un elicottero in quella zona aveva avvistato una berlina precipitata in un burrone. I soccorritori erano andati a indagare più a fondo e avevano trovato il corpo nudo di Cindy stipato nel bagagliaio.

Come accade per la maggior parte delle persone, non era facile inquadrare Cindy, una volta superata la superficie. Era una cristiana devota. Un'insegnante di studi biblici, conservatrice nei costumi sociali. Una persona molto attenta, avrebbero detto più tardi la madre e il capo.

Ma Cindy amava ballare in discoteca ed era molto brava a farlo. Poco tempo prima aveva vinto un premio in un concorso e stava pensando di dare delle lezioni, ma non voleva invitare estranei a casa sua. E questo perché aveva una paura terribile dello Strangolatore delle colline. Stava anche valutando la possibilità di tornare a casa da sua madre, per essere più al sicuro.

Cindy adorava anche la sua macchina, una Datsun nuova e dall'aspetto elegante, arancione brillante. Il pomeriggio del 16 febbraio era diretta alla Glendale Community College, dove lavorava part-time come impiegata. Ma lungo la strada aveva deciso d'impulso di fermarsi per acquistare dei tappetini nuovi per la sua auto.

Il suo appartamento, curiosamente, si trovava in East Garfield Avenue, proprio di fronte al complesso dove aveva vissuto Kristina Weckler.

Ma gli Strangolatori non l'avevano presa da casa sua. Era stata Cindy a entrare nel loro nido. D'altra parte, non avrebbe mai immaginato che uno di loro fosse il rispettabile imprenditore locale che le aveva dato un biglietto da visita quando faceva la cameriera al Robin Hood Inn.

Cindy aveva lasciato il suo appartamento tra le quattro e mezza e le cinque. Quella cronologia venne confermata dalla sua compagna di stanza, Michele Exner, l'ultima persona che l'aveva vista viva. Cindy era salita in macchina, aveva guidato lungo East Garfield e svoltato in Colorado Street, che si trova lungo la strada per il Glendale College.

Cindy fu profondamente sfortunata. Il pomeriggio in cui aveva deciso di fermarsi all'officina in Colorado Street, Kenneth Bianchi era andato a trovare il suo complice, il proprietario dell'attività, la stessa che Yolanda Washington aveva visitato con la sua amica Deborah Noble.

La decisione di uccidere Cindy fu presa lì per lì, silenziosamente, con uno sguardo che la ragazza probabilmente non notò nemmeno.

La scomparsa di Cindy raggiunse rapidamente l'attenzione delle autorità, perché il suo capo aveva lanciato l'allarme quando non si era presentata al lavoro quel pomeriggio. In quella situazione però non c'era nulla che potesse aiutarla.

Ancora molto indietro rispetto ai loro bersagli, i poliziotti non avevano idea che ci fosse un collegamento tra gli omicidi e la famosa attività di tappezzeria automobilistica in Colorado Street. Tuttavia notarono per lo meno il collegamento tra il luogo di residenza di Cindy e l'omicidio Weckler. Questa volta decisero di controllare attentamente il condominio di Cindy in East Garfield Avenue.

Purtroppo si trattava dell'approccio giusto per l'occasione sbagliata. L'indagine a East Garfield mandò i poliziotti su una pista falsa. La vicina di Cindy, Betty Joseph, riferì loro che nel pomeriggio in cui era scomparsa Cindy aveva avuto una "visita a sorpresa". Betty disse che verso le quattro e mezzo aveva sentito Cindy che chiedeva a qualcuno: *Cosa ci fai qui?*

La signora Joseph disse che Cindy non sembrava affatto turbata, ma piuttosto sorpresa; era come se alla sua porta fosse arrivato un amico che non si aspettava di vedere, o che non vedeva da molto tempo.

Inizialmente ipotizzarono che Cindy, come Kimberly Martin, fosse stata rapita da qualcuno del condominio, forse qualcuno che conosceva. Gli investigatori interrogarono tutti da cima a fondo. Nel farlo capirono che Betty Joseph si era sbagliata. La voce che aveva sentito chiamare non apparteneva a Cindy, ma a un altro residente.

Ad Angeles Crest vennero deragliati da un'altra pista falsa. Poco dopo aver scoperto la Datsun arancione di Cindy sul lato del terrapieno il pilota dell'elicottero del servizio forestale aveva avvistato lì vicino due uomini in un furgone giallo. In questo caso, quando sulla stampa cominciarono a comparire notizie secondo cui la Polizia stava cercando due uomini e un furgone giallo, l'autista del furgone aveva contattato la Polizia e si era identificato come un agente del servizio forestale.

Una dritta più promettente arrivò da un potenziale testimone che si era fatto avanti quando la stampa aveva riportato la posizione precisa del luogo in cui era stata scaricata la Datsun. Janice Ackers aveva detto alla Polizia che la sera del 16 febbraio stava guidando lungo la Angeles Crest Highway quando aveva notato un'auto che si avvicinava molto velocemente alle sue spalle. Notò poi che a seguire c'era un'altra auto. Quando si era fermata per svoltare a sinistra, la prima macchina – che aveva descritto come una berlina di colore rosso-arancio – le era passata accanto, e l'autista l'aveva fissata attraverso il finestrino. Janice disse che l'uomo aveva una barba scura e uno sguardo folle e selvaggio negli occhi.

La barba non coincideva con quello che avevano visto altri testimoni, ma era possibile che uno dei due uomini avesse lasciato crescere la barba in seguito agli avvistamenti precedenti. Il sospetto Kenneth Bianchi, in realtà, era un camaleonte che alterava frequentemente il suo aspetto cambiando il modo in cui portava barba e capelli. A volte portava i baffi, a volte era ben rasato. A volte portava i capelli tagliati corti, a volte li portava lunghi. A volte sembrava che fossero lisci, altre ricci o ondulati.

Per il resto il rapporto della signora Acker sembrava calzare, in particolare la descrizione dell'auto, che sembrava proprio la Datsun di Cindy. Se il racconto era veritiero e se quella sera la donna aveva effettivamente visto gli strangolatori, e non degli altri uomini qualsiasi, allora gli assassini avevano rapito Cindy, l'avevano uccisa, e poi uno dei due si era messo alla guida della sua auto verso Angeles Crest con il corpo nel bagagliaio, mentre il complice l'aveva seguito con un'altra macchina. Avevano spinto la macchina di Cindy nel dirupo e poi avevano lasciato la scena insieme nell'altro veicolo.

L'immagine che stava emergendo dall'interrogatorio dei residenti del complesso di appartamenti suggeriva che Cindy si fosse trovata nei guai dopo essersene andata. Nel suo appartamento non c'erano segni di lotta o di effrazione e, a parte Betty Joseph, nessuno aveva visto o sentito nulla d'insolito.

Il percorso di Cindy verso il college, situato in Glendale Avenue, l'avrebbe portata verso Colorado Street. Gli investigatori giunsero alla conclusione che era stata rapita ad un certo punto del percorso piuttosto breve tra il suo appartamento e il college; forse, anzi molto probabilmente, proprio in Colorado Street.

Prendendo in considerazione i luoghi da cui erano state rapite e quelli in cui erano state abbandonate le vittime delle colline, Grogan e Salerno stavano considerando da tempo l'idea che almeno uno degli assassini vivesse nell'area di Glendale. Le ultime vicende sembravano essere un'ulteriore conferma di quella teoria. Infatti un giorno Grogan aveva mostrato a Frank una mappa dove aveva fatto dei segni con una penna rossa e aveva unito i punti di tutti i luoghi dove erano stati trovati i cadaveri abbandonati. Il negozio di tappezzeria per auto che si trovava sulla Colorado era proprio al centro del cerchio, ma non potevano vederlo perché non sapevano cosa stessero cercando.

Tuttavia si stavano finalmente avvicinando. Stavano mettendo insieme un'immagine più chiara del tipo di uomini che stavano cercando e del luogo dove con ogni probabilità vivevano.

Non sapevano che non avrebbero mai avuto l'opportunità di risolvere il loro caso. I pochi indizi utili che avevano si sarebbero raffreddati e gli assassini non ne avrebbero forniti di nuovi.

Dopo l'omicidio di Cindy Hudspeth, la loro furia omicida su Los Angeles si concluse in modo improvviso e misterioso.

Capitolo 17

In California arrivarono giornate più calde. Trascorse un mese; ne trascorsero due; poi tre. Los Angeles stava aspettando notizie di un'altra vittima, ma non arrivarono mai. L'omicidio era la realtà quotidiana che era sempre stata, ma la bizzarra e terrificante ondata di strangolamenti dell'autunno e dell'inverno sembrava essere giunta al termine.

Lentamente, tutta la città tirò un sospiro di sollievo collettivo. Le persone cominciarono a considerare la possibilità che potesse essere tutto finito; e poi, finalmente, accettarono che lo fosse veramente.

Fu un processo graduale, inconscio, quasi impercettibile. Assunse la forma dello spostarsi semplicemente su cose nuove.

La natura irrequieta e avveniristica dei californiani si fece avanti. I Dodgers avevano vinto la National League e stavano andando alla World Series. Era appena stato annunciato che Los Angeles avrebbe ospitato le Olimpiadi nel 1984. C'erano molte cose positive in arrivo, o forse la gente aveva semplicemente la memoria corta.

In ogni caso, la differenza era incredibile. La città si trasformò, le strade ritornarono in vita. Le donne giravano per i negozi e i per centri commerciali, da sole o in piccoli gruppi, procedendo come se non fossero mai state dominate dalla paura. Uscivano dalle loro case con disinvoltura, non più nel timore di sfidare la vita all'aria aperta senza la protezione di un uomo o di un'arma nascosta.

A volte Salerno pensava che ci fosse una linea molto sottile tra il guardare il lato positivo e quel grado di distacco che osservava intorno a sé, una certa insensibilità. Quell'anno Roman Polanski mancò di presentarsi al suo processo per abusi sessuali su minori e sfuggì alla sua condanna abbandonando Los Angeles per la Francia. Ma Polanski era ancora l'epitome della genialità, tutti lo elogiavano e spendevano i loro soldi per vedere i suoi film. Il suicidio di massa in Guyana, il cosiddetto massacro di Jonestown, era risultato nella più grande perdita di vite civili mai registrata. All'inizio erano tutti sconvolti, ma poi ci si limitò ad andare avanti, alla cosa successiva.

Quanto allo Strangolatore delle colline, per quanto riguardava i media, era storia. Di tanto in tanto ricompariva sui giornali, come il divampare di un ascesso. Due uomini erano stati arrestati dopo essere stati fermati per una violazione del codice stradale e sorpresi ad indossare le uniformi della Polizia stradale. I poliziotti li interrogarono a lungo, ma li scartarono rapidamente come sospetti.

Un'altra falsa vittoria venne dichiarata quando una donna di nome Roxanne Barnwell colpì a morte il trentasettenne Richard Reynolds. Reynolds era vestito da poliziotto quando aveva cercato di rapire Roxanne nella zona di Glendale. La cosa era sembrata perfettamente in linea con l'uomo che stavano cercando, ma i poliziotti erano caduti di nuovo in errore, fuorviati dalle inclinazioni contorte di alcuni uomini di Los Angeles.

Infine, nel novembre 1978, i giornali pubblicarono una serie di articoli sugli Strangolatori delle colline, questa volta per riflettere su dove fossero finiti gli assassini. Un titolo tipo recitava: "Lo Strangolatore delle colline: Svanito nel nulla? È deceduto? Oppure sta tenendo un basso profilo?"

Mentre gran parte della città era andata avanti, le autorità avevano le proprie riserve sul raffreddamento del caso, e quelle stesse domande erano per loro una fonte di grande preoccupazione. Un anno dopo il culmine della follia l'indagine si stava spegnendo e, anche se gli assassini non erano stati catturati, le loro risorse cominciarono ad essere spostate altrove. La task force era ancora in funzione, ma delle dodici dozzine di agenti che un anno prima avevano gestito l'operazione ne erano rimasti una ventina che erano stati spostati in una stanza più piccola del Parker Center. Alcuni cittadini continuavano a telefonare con qualche soffiata isolata, ma di fatto i contatti si stavano prosciugando.

Stavano lavorando con il presupposto che lo Strangolatore delle colline non costituisse più una minaccia pubblica. Quell'ipotesi rimaneva una scommessa, ma considerando tutto ciò che era stato investito nel caso e la mancanza di progressi, era la linea d'azione più semplice e meno imbarazzante.

In realtà, le informazioni di cui avevano bisogno per risolvere il caso le avevano proprio a portata di mano, come anche uno dei sospettati, almeno nel marzo del 1978.

Verso la fine di febbraio, due uomini che vivevano in una casa su Corona Drive, a Glendale, contattarono la Polizia locale dicendo di avere delle informazioni. Riferirono che il loro ex coinquilino, Kenneth Bianchi, era in possesso di un distintivo della California Highway Patrol. Avevano avuto dei sospetti perché sapevano che Ken non era un poliziotto e pensavano che "in generale" fosse "piuttosto strano". Lo avevano buttato fuori perché non aveva pagato l'affitto e non erano sicuri di dove vivesse in quel momento.

Gli agenti di Glendale controllarono le informazioni del registro automobilistico e collegarono Bianchi a un appartamento in Verdugo Road, a Glendale, dove andarono a cercarlo per un colloquio. L'agente di Glendale gli chiese se avesse, o avesse mai avuto, un distintivo della Polizia.

No, aveva risposto Bianchi, come se la domanda fosse stata ridicola. Un sorriso, un piccolo gesto della mano. Avrebbe voluto essere un poliziotto, aveva risposto, ma invece si era spostato nel settore immobiliare.

All'agente Ken era sembrato un tipo troppo a modo per essere coinvolto nella criminalità. Era educato, quasi ossequioso. Quando parlava del suo rispetto per la Polizia traspariva una qualità quasi ingenua, di profonda ammirazione. In tutta onestà, sembrava troppo sfigato per essere un criminale. Il detective gli credette sulla parola e se ne andò.

Nel frattempo, al quartier generale della Polizia di Los Angeles, era arrivata un'altra soffiata da una certa signora Wanda Kellison. Diceva che sua figlia Sheryl stava frequentando uno strano giovane di nome Kenneth Bianchi. Alla signora Kellison questo Ken non piaceva affatto.

La cosa fece sorridere gli agenti. Avevano ricevuto centinaia di chiamate simili da madri preoccupate in tutta la contea; era un modo popolare per esprimere disapprovazione per le scelte romantiche delle proprie figlie, chiamare e dire che stavano frequentando lo Strangolatore delle colline.

La signora Kellison riferì di aver discusso diverse volte con Sheryl per via di quel giovane. Wanda aveva la sensazione che avesse dubbi valori morali, soprattutto perché prendeva sempre in prestito denaro da Sheryl. Ma in generale c'era qualcosa di molto strano in quel ragazzo. La metteva a disagio. E parlava sempre con Sheryl del caso dello Strangolatore delle colline.

Sheryl non condivideva nessuno dei dubbi di sua madre: era devota al suo partner. Wanda si era preoccupata al punto di decidere di chiamare la Polizia.

Due agenti di Los Angeles, che non erano mai stati coinvolti nelle indagini, effettuarono alcuni rapidi controlli su Bianchi. Seguendo le sue tracce arrivarono alla sua vecchia residenza all'809 di East Garfield. L'indirizzo di East Garfield non attivò nessuna delle loro reti neurali, anche se due delle vittime, Kristina Weckler e Cindy Hudspeth, avevano abitato nella stessa strada. E quando consultarono PATRIC, il cosiddetto computer "per il riconoscimento di pattern", non apparve alcuna testimonianza della precedente intervista a Bianchi al Tamarind.

Gli agenti, in modo abbastanza indifferente, erano già giunti alla conclusione che stavano inseguendo un'altra pista cieca, ma si diressero comunque verso l'809 East Garfield.

Lì, il padrone di casa elogiò Bianchi – che nel frattempo si era trasferito dal complesso – descrivendolo come un inquilino perfetto. Davvero gentile e disponibile. Non si trovano molti giovani come lui di questi tempi, aveva detto. Un'altra giovane inquilina si era lamentata di Bianchi, ma lei era comunque una piantagrane, quindi non ci aveva creduto per niente.

Ken era un tipo amichevole e socievole, si era anche tenuto in contatto. Infatti poteva dare loro il suo nuovo indirizzo, su Verdugo Road.

I poliziotti trovarono finalmente questo giovane la cui buona reputazione lo aveva preceduto e gli dissero che il suo nome era emerso nelle indagini sullo Strangolatore delle colline. Questi li fece entrare rassicurandoli, dicendo che era felice di aiutarli in ogni modo possibile. Aveva seguito il caso sui giornali. Sapeva con cosa dovevano avere a che fare. Era solidale con la loro lotta.

Gli investigatori gli posero alcune domande di base. Da quanto tempo era a Los Angeles? Aveva mai preso parte al lavoro della Polizia? Era mai stato in prigione?

All'ultima domanda Bianchi scoppiò in una risata imbarazzata, come se il solo pensiero fosse assurdo.

Non era coinvolto nel lavoro della forza, ma ammirava la Polizia e aveva presentato domanda per diventare una riserva della Polizia di Los Angeles.

Bianchi si mostrò talmente cooperativo e amichevole che smisero ancora una volta di considerarlo un sospettato valido. Scrissero il loro rapporto e lo archiviarono senza controllare la sua domanda per gli agenti di riserva, che conteneva impronte digitali che corrispondevano a quelle raccolte dal telefono a gettoni della biblioteca pubblica di Hollywood e dall'appartamento al 1950 di Tamarind.

L'indicizzazione manuale degli indizi e delle attività della Polizia riguardanti il caso avrebbe prodotto risultati migliori rispetto al sistema che era stato messo in piedi dalla task force. Era stata inculcata loro una falsa fiducia negli incredibili poteri deduttivi del computer da cinquantamila dollari e i detective finirono per continuare a saltare da un fallimento all'altro mentre il loro sospetto si trovava proprio sotto il loro naso.

Ken Bianchi era stato intervistato tre volte in connessione al caso, e ogni volta scartato da ogni sospetto. A quel punto non gli si sarebbe potuto dire assolutamente nulla se avesse pensato che la Polizia fosse semplicemente stupida. Se non l'avevano scoperto fino a quel momento, non lo avrebbero mai fatto.

Capitolo 18

NONOSTANTE L'EFFETTIVA LIQUIDAZIONE DELL'INDAGINE alla fine del 1978, il team delle pubbliche relazioni cercò di mostrarsi ottimista. Gates, promosso recentemente a capo della Polizia, credeva ancora che i suoi uomini potessero risolvere il caso. Il comandante William Booth, portavoce per i media, volle sottolineare che l'indagine era ancora attiva e stava "perfezionando la sua messa a fuoco". Spiegò che in quel momento stavano davvero separando il grano dalla pula; le piste davvero utili da quelle che non lo erano.

Frank Salerno non si espresse rispetto a Gates ma interrogato dai giornali offrì la sua opinione decisamente contrastante. Disse che non avevano alcuna pista tangibile e che c'erano altrettante teorie su che fine avessero fatto gli Strangolatori quanti erano gli investigatori.

Mentre Gates e Booth stavano cercando di fare buon viso a cattivo gioco, sembrava abbastanza chiaro che i detective si erano allontanati dal loro obiettivo. Nella stessa occasione in cui aveva detto che gli assassini sarebbero stati catturati, Booth aveva ammesso che gli investigatori non sapevano ancora se "tutti e tredici" gli omicidi fossero opera di una sola persona o di un gruppo di assassini.

La realtà era che gli omicidi si erano fermati e con

essi anche la pressione sulla Polizia. Avevano subito l'imbarazzo di non essere riusciti a risolvere il caso, ma il problema era passato e ora potevano andare avanti con qualcos'altro.

Tuttavia, all'interno delle forze dell'ordine si sapeva che quel tipo di assassini raramente smetteva di uccidere di propria iniziativa. Si fermano o perché vengono arrestati per un altro reato o perché sono stati uccisi a loro volta. Oppure l'interruzione è solo apparente perché si sono spostati in un'altra area. Probabilmente accanto al sollievo per il fatto che l'orrore a Los Angeles fosse finito, gli investigatori avevano in mente anche quella possibilità.

Salerno continuò a nutrire le sue preoccupazioni riguardo a quel caso anche molto tempo dopo il suo raffreddamento. In casa sua era vietato parlarne e nella sua unità tutti avevano voltato pagina, ma le sue elucubrazioni continuavano dopo il tramonto negli angoli privati della sua mente. Sentiva di aver deluso quelle ragazze. L'indagine era stata un disastro. E, quel che era peggio, era tormentato dalla possibilità che i killer fossero ancora là fuori e stessero solo aspettando il loro momento.

«Pensi che sia finita Frank?» gli aveva chiesto Grogan.

«Forse... ma questi assassini di tipo seriale, sono come le talpe. Possono apparire da qualche altra parte.»

Un altro serial killer attivo negli Stati Uniti nel 1977 e nel 1978 fu, ovviamente, Ted Bundy. Nel 1978, Bundy era comparso spesso nei titoli nazionali quando, dopo l'elusione delle autorità dello stato di Washington e dello Utah e dopo la fuga dalla prigione in Colorado, venne finalmente arrestato in Florida dopo aver fatto irruzione nella confraternita Chi Omega a Tallahassee e aver ucciso Lisa Levy e Margaret Bowman. La storia di Bundy aveva fornito un esempio potente del fatto che i serial killer tendono a diffondere il loro percorso di distruzione in lungo e in largo se non vengono fermati.

Se le autorità di Los Angeles si stavano chiedendo se lo Strangolatore delle colline avrebbe ripreso la sua carriera omicida da qualche altra parte, non avrebbero dovuto aspettare molto per ottenere la loro risposta.

Nel gennaio del 1979, altre due donne furono violentate, strangolate e scaricate da un'auto, proprio come Cindy Hudspeth, a quasi 2.000 chilometri da Los Angeles, nella città di Bellingham, nello stato di Washington, venti miglia a sud del confine canadese.

PARTE III

Un Nuovo Inizio

IL PACIFICO NORD-OCCIDENTALE HA LA REPUTAZIONE DI essere un terreno fertile per la produzione di assassini. John Douglas – agente dell'FBI e profiler di Gary Ridgway, l'Assassino di Green River che nel 2002 venne condannato per l'omicidio di 48 donne nell'area di Seattle-Tacoma – ha definito la zona "i campi d'eccidio d'America".

Ted Bundy, il serial killer più famoso d'America, è cresciuto a Tacoma e, prima di trasferirsi nello Utah, ha ucciso diverse donne nello stato di Washington. John Allen Muhammad, il Cecchino della Beltway, era un ex residente di Tacoma, e Robert Yates Jr., un ex pilota di elicotteri della Air National Guard e operaio di fonderia che nel 2000 si è dichiarato colpevole dell'omicidio di 13 donne nelle contee di Spokane, Walla Walla e Skagit, era nato e cresciuto nello stato di Washington. In Canada, dall'altra parte del confine, il "Pig Farmer Killer" Robert William Pickton di Port Coquitlam, nella Columbia Britannica, è stato condannato nel 2007 per l'omicidio di sei donne ed è stato accusato della morte di altre venti a Vancouver. E il serial killer più prolifico del Canada, Clifford Olson, che nei primi anni '80 uccise almeno undici adolescenti tra ragazzi e ragazze, viveva e operava anche lui intorno a Vancouver, nella C.B. Lì i boschi fitti e bui forniscono nascondigli eccellenti per i corpi, la desolazione selvaggia offre protezione da ficcanaso e poliziotti e l'albo d'onore dell'ignominia è vasto.

In qualche modo, nel 1979, Kenneth Bianchi è saltato fuori in quella stessa regione, dove si trovava in ottima compagnia. Era anche solito bere alla Waterfront Tavern, che negli anni successivi si sarebbe guadagnata la reputazione del bar dove i serial killer andavano a godersi un drink in tutta tranquillità. Nel 2002, quando venne arrestato il Cecchino della Beltway, un barista di nome Wally disse alla stampa che John Allen Muhammad non era stato l'unico frequentatore regolare del posto. Lo erano stati anche Ted Bundy e James Kinney. Allora in quella bettola tranquilla discese una folla di giornalisti. La proprietaria della taverna, Lynne Farmer, si era lamentata di tutta quella pubblicità negativa che aveva danneggiato i suoi affari e aveva rifiutato la proposta, avanzata da uno dei suoi clienti, di approfittare della notorietà, battezzando i panini con i nomi dei vari serial killer.

Il Waterfront si trova a Bellingham, una pittoresca cittadina costiera di pescatori che, con i suoi circa 206.000 abitanti, è inserita tra le cime innevate del Monte Baker e della baia di Bellingham. Negli ultimi quarant'anni questa piccola città, con il suo bizzarro mix di hippy, yuppie, soldati, marinai, nativi americani e vagabondi, è stata collegata ad almeno quattro serial killer. Tuttavia, la sua cattiva reputazione è probabilmente immeritata. Non è Bellingham a essere una calamita per i criminali, ma molti finiscono lì sulla strada verso il Canada e l'Alaska. Oggi come allora, è una comunità tranquilla e sicura, con una media di uno o due omicidi ogni anno.

Nel 1979 la popolazione di Bellingham era di circa centomila persone e, viste le sue dimensioni relativamente ridotte e la rarità del crimine al suo interno, la morte per strangolamento di due studentesse della Washington State University fu un enorme shock per la comunità.

La mattina del 12 gennaio 1979, la Questura di Bellingham ricevette una chiamata dall'Ufficio di sicurezza della Western Washington University. Due studentesse – le coinquiline Diane Wilder, 27 anni, originaria di Bremerton, e Karen Mandic, 22 anni, di Bellevue – erano scomparse.

All'epoca gli episodi di crimine violento a Bellingham erano così rari che il primo pensiero di Terry Mangan, capo della Polizia, fu che probabilmente le due ragazze avevano semplicemente lasciato la città per andare in vacanza senza dirlo a nessuno. Dopo aver ripercorso l'ultimo spostamento di Karen Mandic, tuttavia, iniziò a rendersi conto che qualcosa non quadrava.

Karen era stata vista l'ultima volta alle 19:00 di giovedì 11 gennaio, dopo aver lasciato il grande magazzino Fred Meyer dove lavorava part-time come cassiera. Sarebbe dovuta tornare alle nove per aiutare con la chiusura e l'inventario serale. Karen era un'impiegata molto affidabile e il suo capo si era allarmato quando non era tornata senza avvisare.

Il manager chiamò Steve Hardwick, un amico di Karen, e gli spiegò che Karen non si era più fatta vedere a lavoro. Hardwick cominciò ad avere dei sospetti. All'inizio della settimana Karen gli aveva detto che per quel giovedì le era stato offerto un lavoro che consisteva nel badare alla casa di un certo dottor Catlow che era in vacanza con la sua famiglia. Il lavoro le era stato offerto non dal dottor Catlow in persona, ma da un agente di sicurezza della Whatcom Security Agency (WSA), un'azienda locale che forniva servizi di pattuglia mobile e statica a Bellingham e dintorni. Secondo Hardwick l'accordo era poco sicuro, in quanto l'ufficiale di sicurezza aveva chiesto a Karen di tenerlo segreto. Sembrava che fosse stata coinvolta in maniera "non ufficiale".

Karen gli aveva spiegato che l'antifurto del dottor Catlow era rotto e lei doveva semplicemente badare alla casa per un paio d'ore fino all'arrivo degli addetti alle riparazioni, dopodiché sarebbe tornata da Fred Meyer. Hardwick aveva consigliato a Karen di non accettare il lavoro perché non sembrava legittimo, ma lei aveva insistito, entusiasmata dalla prospettiva di un guadagno facile.

Karen aveva rassicurato Hardwick dicendo che sarebbe andato tutto bene; stava portando con sé la sua amica Diane Wilder per avere un po' di compagnia e conosceva la guardia di sicurezza, che in precedenza aveva lavorato nello stesso settore presso Fred Meyer e il suo nuovo datore di lavoro, la WSA, era un'azienda molto rispettabile. Non aveva menzionato che il ragazzo le aveva chiesto più volte di uscire.

Dopo aver ricevuto la chiamata dal capo di Karen, Hardwick si recò immediatamente all'indirizzo di Bayside del dottor Catlow e lo trovò deserto. Non riusciva a ricordare il nome della guardia di sicurezza, ma ricordava la WSA, quindi telefonò all'azienda per chiedere dettagli sul lavoro per il quale era stata assunta Karen. Il personale della WSA esaminò i registri e in relazione alla residenza di Bayside venne fuori il nome Kenneth Bianchi. Gli era stato assegnato a un lavoro lì, ma l'accordo di "house-sitting" che aveva fatto con Karen non risultava da nessuna parte. La WSA capì che Bianchi aveva assunto qualcuno per un lavoro in via non ufficiale e non ne fu affatto felice.

Fino a quel momento, la WSA pensava che il signor Bianchi fosse un ottimo impiegato: non era originario di Bellingham, ma era amichevole e simpatico e svolgeva i suoi compiti apparentemente senza dare problemi. Ma dopo aver ricevuto la chiamata di Hardwick l'agenzia eseguì un controllo a posteriori che lasciò tutti scioccati.

Bellingham era una città piccola: il tipo di posto in cui le persone si conoscevano e tutti sapevano gli affari di tutti. Randy Moa, co-proprietario della WSA, parlò con una donna del posto di nome Susan Bird, che conosceva Bianchi. La signora Bird aveva detto a Moa di essere rimasta un po' sorpresa quando aveva saputo che Ken aveva trovato lavoro nel settore della sicurezza.

«E perché?» aveva chiesto lui.

«Be', disse Susan, è solo che non mi sembrava il tipo adatto. Mi era sembrato un po' sospetto, in realtà. Mi ha detto in tutta serietà che avevo un bel corpo e che avrei dovuto considerare il lavoro di prostituta. Si è anche offerto di essere il mio pappone.»

Susan era rimasta perplessa e preoccupata dalla proposta colorita di Bianchi, anche perché sapeva che aveva fatto domanda di lavoro presso la Questura di Bellingham.

Moa all'inizio pensò che Susan si fosse inventata la storia, per cui lei gli diede il nome di un'altra donna, Angie Kinneberg, che avrebbe potuto illuminarli ulteriormente sul carattere di Bianchi.

Angie riferì a Moa che all'inizio pensava che Bianchi fosse davvero gentile. Dopo Natale era andato a trovare lei e la sua ragazza e le aveva aiutate a smontare l'albero. Ma dopo un po' aveva iniziato a sentire che c'era qualcosa di strano. In seguito aveva scoperto che stava portando avanti un qualche tipo di attività che trafficava foto di modelle lesbiche per clienti a Los Angeles.

«È un degenerato. Però ha una moglie. Kelli. E hanno anche un bambino. Davvero un tipo strano.»

———

Randy Moa non sapeva più cosa pensare. Quelle nuove scoperte non si allineavano con quello che sapeva del suo dipendente. Decise di andare alla fonte e chiamò Bianchi direttamente a casa.

Ken si era semplicemente messo a ridere. Non sapeva niente di nessun lavoro di house-sitting dai Catlow e non aveva mai incontrato nessuno che si chiamasse Karen Mandic o Diane Wilder. Inoltre, disse, quella sera era a un incontro sul pronto soccorso dei riservisti dello sceriffo.

Bianchi non era riuscito a entrare nel programma a Los Angeles, ma a Bellingham aveva finalmente raggiunto il suo obiettivo. Era vero che era stato accettato nei Riservisti dello Sceriffo di Bellingham, l'istruttore diede conferma di ciò quando Moa lo chiamò.

Ma la sera in questione Bianchi non era stato all'incontro sul pronto soccorso. Non si era mai presentato.

Moa chiamò la Questura di Bellingham e disse loro che Bianchi aveva mentito. Aveva addosso l'odore della colpa.

Nel frattempo, l'ufficio di sicurezza della Western Washington University aveva ottenuto una copia della chiave dell'appartamento di Karen. La Polizia lo visitò per indagare. Lì, proprio accanto al telefono, c'era un blocco per gli appunti sul quale era stata scarabocchiata la seguente nota:

Karen,
  Per favore chiama Ken B.

Gli agenti della Polizia trovarono Bianchi alla WSA, seduto alla sua postazione, che svolgeva spensieratamente il suo lavoro. Sembrava che la telefonata di Moa non lo avesse scosso minimamente. Oppure in realtà non era coinvolto nella scomparsa di Karen e Diane, ma a quel punto la cosa sembrava impossibile.

Eppure era strano. La telefonata di Moa avrebbe dovuto fargli capire che si trovava in qualche tipo di guai e, se non altro, ormai si sarebbe dovuto mettere in fuga. Invece durante l'interrogatorio gli agenti trovarono l'affascinante giovane agente di sicurezza estremamente gentile e collaborativo. Era pulito, ordinato e chiaramente orgoglioso della sua uniforme e del suo aspetto. Aveva i capelli e le unghie pulite, indossava gli stivali lucidi. Parlò con toni pacati e si presentò rilassato e affatto preoccupato. Non dava l'idea di aver fatto nulla di male, né quella di essere nei guai con la Polizia. *Naturalmente* avrebbe collaborato con le indagini in ogni modo possibile.

L'atmosfera cambiò quando Bianchi si trovò di fronte al biglietto trovato dagli agenti nell'appartamento di Karen. Si indignò insistendo sul fatto che chiunque fosse veramente responsabile delle azioni di cui era sospettato aveva chiaramente rubato la sua identità.

«Vorrei sapere chi è che ha usato il mio nome! Sono ben conosciuto a Bellingham. Sono uscito sul giornale quando ho lasciato Fred Meyer per andare a dirigere le operazioni di sicurezza alla WSA.»

La sfacciataggine di Bianchi era una chimera, perché non aveva alcun ruolo di direzione all'interno della WSA. Era solo una guardia. Indipendentemente da ciò, la sua presunzione lo aveva portato a fare un errore, perché ora aveva rivelato la connessione tra lui e Karen, che aveva negato di conoscere, menzionando *en passant* Fred Meyer.

Tuttavia allora le giovani donne erano solo presunte disperse. La Polizia non aveva prove sufficienti per arrestarlo e dovette rilasciarlo.

Il detective Mangan, tuttavia, stava cominciando a convincersi, suo malgrado, che alle due giovani donne fosse successo qualcosa di brutto. Chiese alla Polizia stradale di controllare i luoghi dove si sarebbero potuti scaricare dei corpi o abbandonare delle auto e incaricò i mezzi d'informazione di descrivere le donne scomparse e la Mercury Bobcat di Karen al loro pubblico.

Dopo poco tempo, una donna telefonò in Questura a proposito di un'auto che era stata abbandonata in una zona boschiva vicino alla propria abitazione.

Come indirizzo fornì Willow Street, un vicolo cieco che conduceva nel bosco, non lontano dalla casa di Bayside del dottor Catlow. I detective andarono a indagare e trovarono la Mercury Bobcat di Karen Mandic parcheggiata in fondo alla strada.

Il veicolo era chiuso, ma lo sportello dal lato del passeggero era solo al primo giro di chiave, quindi l'agente Robert Knudsen poté aprirla facilmente. Sul sedile posteriore c'erano Karen e Diane. I loro corpi erano stati gettati uno sopra l'altro. Come "due sacchi di patate", avrebbe detto in seguito.

Le due donne furono trovate vestite. Le condizioni erano molto diverse da quelle dei corpi scoperti a Los Angeles e la Polizia di Bellingham non aveva ancora idea del coinvolgimento di Bianchi in quegli omicidi. L'autopsia tuttavia rivelò che entrambe erano state violentate e strangolate con delle corde.

Venne emesso immediatamente un mandato per l'arresto di Bianchi. La Polizia a quel punto sapeva che il loro sospetto non era solo armato ma anche pericoloso, quindi per intrappolarlo si avvalse dell'assistenza del datore di lavoro di Bianchi, Randy Moa.

Moa avrebbe voluto licenziare Bianchi da tempo, ma per via delle indagini in corso, aveva tenuto in piedi il gioco. A quel punto contattò Ken via radio nel suo furgone e gli diede l'ordine di fare un controllo di sicurezza in una zona portuale, dove avrebbero potuto accerchiarlo in sicurezza.

Giù al molo, gli investigatori si nascosero e aspettarono. Per un po' la tensione fu alta. Dovevano prepararsi alla possibilità che Bianchi non si facesse vedere. Ma Ken sembrava semplicemente non avere idea di essere in pericolo. Senza una preoccupazione al mondo, cadde dritto nella trappola.

E all'improvviso era tutto finito. Fu quasi troppo facile.

Ovviamente, la Polizia di Bellingham non aveva idea dell'importanza reale di quell'arresto.

Capitolo 20

BIANCHI ERA UN KILLER ESPERTO, MA I MOLTI ERRORI superficiali commessi negli omicidi di Washington, in combinazione con il solido lavoro investigativo di un'unità di Polizia che operava in una piccola città dove le informazioni venivano condivise liberamente, avevano portato al suo arresto in meno di ventiquattro ore. La Polizia di Bellingham era riuscita a realizzare in un giorno ciò che i detective di Los Angeles non erano riusciti a fare in un anno.

Negli omicidi di Washington, alcune deviazioni dallo schema di Los Angeles rappresentavano decisioni poco sagge da parte dell'assassino, come l'abbandono di corpi completamente vestiti e la scelta di rapire una donna che lo aveva conosciuto personalmente. Tali differenze mostravano infatti che Bianchi era stato separato da Angelo Buono, il compagno di Los Angeles più pratico e capace di controllo. Ma in quel momento gli ufficiali di Bellingham non sospettavano nemmeno che Bianchi fosse coinvolto nella serie di omicidi che avevano avuto luogo un anno prima in California.

Ad ogni modo, il capo della Polizia di Bellingham Terry Mangan e i suoi uomini erano certi che quelli non fossero stati i primi omicidi per Bianchi. Secondo Mangan, nonostante gli errori, quel delitto era troppo sofisticato per essere stato il primo che Ken avesse mai commesso. Gli errori sembravano piuttosto quelli che avrebbe fatto qualcuno che non era abituato a operare in una piccola città. Ken era stato catturato perché a Bellingham tutti conoscevano virtualmente tutti. Mangan ipotizzò che con lo stesso crimine, in una grande città, Ken avrebbe potuto farla franca. Nel frattempo le autorità di Bellingham avevano esaminato i documenti di Bianchi e si erano rese conto che in effetti veniva da Los Angeles, da dove si era trasferito meno di un anno prima.

In ogni caso, il fatto che Bianchi fosse stato arrestato a Bellingham non garantiva in alcun modo che sarebbe stato scoperto il collegamento con gli omicidi delle colline di Los Angeles, né tantomeno che sarebbe stato consegnato alla giustizia.

Ciò accadde in parte per un caso assolutamente fortuito. Il capo della Polizia Terry Mangan, prima di entrare nella forza, era stato un prete cattolico e un cappellano della Polizia. Tramite il lavoro aveva conosciuto suor Carmel Marie, che allora dirigeva l'Istituto St. Ignatius di Los Angeles, dove erano andate a scuola Delores Cepeda e Sonja Johnson. Suor Marie aveva presentato Terry a Tony Johnson, che era il contabile della sua diocesi. Tony Johnson era il padre di Sonja Johnson.

Da quando sua figlia era stata uccisa Tony Johnson non se la passava affatto bene. Si sentiva in colpa perché il pomeriggio della scomparsa di Sonja e Delores aveva permesso alle ragazze di prendere l'autobus per tornare a casa da Eagle Rock Plaza, invece di andarle a prendere in macchina. Purtroppo, nonostante i suoi sforzi, la moglie non riusciva a fare a meno di incolparlo. Sul loro matrimonio c'era talmente tanta tensione che alla fine si arrivò alla separazione.

Quando aveva saputo che la figlia del suo amico era stata uccisa dallo Strangolatore delle colline, Mangan aveva iniziato a seguire gli omicidi di Los Angeles sui giornali. Alcuni aspetti degli omicidi di Mandic e Wilder, in particolare lo strangolamento con la corda, fecero sospettare a Mangan una connessione. All'epoca pensò che si trattasse di un'ipotesi azzardata, ma la possibilità che ci fosse un collegamento continuò a tormentarlo mentre lui e il suo team cercavano di raccogliere più informazioni su Bianchi. L'idea gli sembrò acquistare più consistenza quando vide che la patente di Bianchi era registrata a Los Angeles.

I detective di Bellingham si recarono quindi nell'abitazione di Bianchi per perquisirla da cima a fondo. Lì vennero trovate delle informazioni che avrebbero incoraggiato ulteriormente i sospetti di Mangan.

La donna che conviveva con Bianchi, Kelli Boyd, una cittadina dall'aspetto onesto, era sconcertata e sconvolta. Suo padre era un funzionario comunale e lei era sempre stata dell'opinione che la Polizia fosse degna della massima ammirazione e rispetto. Con gli agenti si dimostrò collaborativa e disponibile, ma Ken le aveva detto che era innocente e lei gli credeva.

Gli ufficiali provavano molta compassione per Kelli. Sapevano che lei, a differenza di Ken, era originaria di Bellingham; e in effetti sembrava proprio una di loro. Era una normalissima giovane donna che stava cercando di mettere su famiglia. La sua unica colpa forse era quella di non essere una persona particolarmente inquisitiva, forse troppo concentrata sui propri problemi e sulle proprie preoccupazioni. Lei e Ken avevano un bambino, Ryan, che non aveva nemmeno un anno. Probabilmente era troppo aspettarsi che potesse accettare che il suo compagno fosse uno stupratore e un assassino.

Anche se non riusciva a credere che Ken fosse un assassino, Kelli aveva già molti motivi per dubitare della sua integrità morale. Sarebbe stato difficile per lei non essere a conoscenza, ad esempio, della vera e propria abbondanza di refurtiva immagazzinata in casa.

Per prima cosa la Polizia trovò una grande scorta di

attrezzi nuovi di zecca, ancora nelle scatole originali e senza cartellini dei prezzi. Si scoprì in seguito che erano stati rubati nel grande magazzino Fred Meyer, dove Ken aveva lavorato prima di entrare a far parte della WSA e dove aveva conosciuto Karen Mandic. Poi venne trovata anche una certa quantità di forniture mediche nuove di zecca. Bianchi se ne era impossessato presso il Verdugo Hills Hospital di Los Angeles, dove aveva lavorato per un certo periodo come addetto alle pulizie e alla consegna di strumentazione medica. Infine trovarono una scatola piena di giacche nuove di zecca e di telefoni.

Sembrava che Ken avrebbe rubato qualsiasi cosa, indipendentemente dal fatto che avesse intenzione di usarla o meno. Che cosa doveva farsene di un mucchio di telefoni?

Uno degli agenti aprì l'anta di un armadio e venne colpito in testa da una cascata di polpa di granchio in scatola. Bianchi se n'era impossessato, chiaramente senza alcuno scopo di utilizzo, durante un lavoro in un'azienda di celle frigorifere per la WSA.

Altri oggetti trovati nell'armadio della camera da letto erano poi perfettamente in linea con le descrizioni di Bianchi fornite da Susan Bird e Angie Kinneberg: macchine fotografiche professionali e altre attrezzature da set. Gli agenti a quel punto non sapevano ancora che a Bianchi piaceva vestire i panni del poliziotto, e rimasero sorpresi di trovare nell'armadio anche una revolver 357, di quelle in dotazione alla Polizia stradale, in condizioni quasi perfette, insieme alla sua fondina originale.

Finora la Polizia di Bellingham aveva prove concrete solo del fatto che Bianchi fosse un ladro. Il che fu utile nella misura in cui diede loro un motivo valido per continuare a detenerlo mentre cercavano prove che lo collegassero agli omicidi di Karen e Diane. Ma anche altre prove e oggetti scoperti nella sua abitazione avevano iniziato a puntare in direzione del suo coinvolgimento nell'omicidio.

In camera da letto gli agenti trovarono un paio di pantaloni della sua uniforme da lavoro con il cavallo strappato. Kelli aveva confermato che la notte degli omicidi Ken era tornato a casa indossando quei pantaloni. Lei aveva trovato il cavallo strappato "divertente", ma – aveva aggiunto con un'aria vagamente addolorata – aveva rinunciato da tempo a chiedere a Ken che cosa combinava quando usciva da casa.

Kelli riferì che Ken quella sera era tornato a casa tardi, verso le dieci e mezza e che stava sudando molto, cosa che le era sembrata strana.

Sotto i pantaloni strappati, trovarono una camicia da lavoro, le cui fibre risultarono poi identiche a quelle trovate nella casa di Bayside. La Polizia trovò anche un paio di stivali da cowboy, la cui suola combaciava con un'impronta trovata nella cucina del dottor Catlow.

In precedenza, il detective Knudsen aveva esaminato la Mercury Bobcat di Karen. Sotto l'auto aveva trovato un graffio sul serbatoio della benzina e nella residenza del dottor Catlow trovarono una pietra su cui c'erano tracce di vernice che corrispondevano al serbatoio. A un certo punto l'auto di Karen doveva essersi trovata presso la casa di Bayside, non c'erano più dubbi in merito.

In seguito gli agenti perquisirono il Maggiolino VW di Bianchi e il furgoncino da lavoro. Nella VW, sul pavimento del lato del passeggero anteriore, trovarono una valigetta di pelle. All'interno c'era una raccolta di documenti relativi a un servizio di consulenza psichiatrica offerto a Los Angeles da un "Dr. Ken Bianchi".

Gli agenti allora cominciarono a sospettare di avere a che fare non solo con un ladro che era anche uno stupratore e un assassino seriale, ma anche con un esperto della truffa.

Quell'impressione si rafforzò in seguito al ritrovamento, durante un'ulteriore perquisizione dell'appartamento di Karen, di un finto biglietto da visita con il quale Bianchi si presentava come il "Capitano Kenneth A. Bianchi". Chiaramente quel grado di capitano era quello a cui si era riferito in precedenza quando aveva detto agli investigatori che era "il responsabile delle operazioni di sicurezza della WSA". Randy Moa disse agli agenti che quel titolo non era mai stato autorizzato.

Forse Ken pensava di poter contare per lo meno su un buon alibi, ma le sue speranze sarebbero state di nuovo deluse. Kelli aveva detto agli investigatori che quella sera era rientrato dopo le dieci e mezzo. Dei suoi movimenti durante le prime ore della serata non si sapeva nulla, ma a quel punto si fecero avanti dei testimoni in possesso d'informazioni che permettevano di collocarlo sia sulla probabile scena del crimine che su quella dove erano stati abbandonati i cadaveri. Una vicina del dottor Catlow, la signora McNeill, riferì agli investigatori che intorno alle 21:30 aveva visto un pick-up giallo della WSA davanti alla residenza di Catlow. Un secondo testimone, Raymond Spees, disse che quella notte aveva visto anche lui un pick-up giallo della WSA uscire da Willow Street, dove era stata trovata la Mercury Bobcat di Karen con dentro i cadaveri delle ragazze.

Le prove raccolte dai testimoni, dalla residenza dei Catlow e dall'auto di Karen ormai implicavano direttamente Bianchi nei due omicidi e Mangan decise di chiamare le autorità di Los Angeles. Quando disse loro di aver arrestato un sospettato di nome Kenneth Alessio Bianchi con l'accusa di duplice omicidio e stupro, venne informato che quel nome era già emerso più volte in relazione all'indagine dello Strangolatore delle colline.

La task force gli inviò gli identikit dei sospetti fatti in precedenza dall'artista forense. Uno di essi corrispondeva perfettamente a Bianchi.

Bellingham mandò loro una copia delle impronte digitali di Ken. George Herrera, analista della Polizia di Los Angeles, notò immediatamente una caratteristica, un pattern nell'importa di una delle dita. Gli saltò agli occhi. L'aveva già visto prima, due volte in effetti. Corrispondeva a uno dei set d'impronte che erano stati prelevati dalla cabina telefonica della biblioteca pubblica di Hollywood e a uno di quelli presi dagli appartamenti di Tamarind dopo l'omicidio di Kimberly Martin.

A quel punto c'erano prove fisiche concrete che collegavano Bianchi non solo agli omicidi di Washington, ma anche alle uccisioni delle colline.

Centro.

Capitolo 21

A Los Angeles c'era un'atmosfera festosa. Con le impronte digitali che confermavano il collegamento, quelli della task force procedettero con il controllo degli altri dati di cui erano in possesso su questo Kenneth Bianchi che era rinchiuso nella contea di Whatcom e tutti i pezzi del puzzle iniziarono a incastrarsi.

Agli agenti che precedentemente avevano intervistato Bianchi a Los Angeles erano sfuggiti i collegamenti tra i suoi registri residenziali e gli indirizzi delle vittime. Ma Salerno, che non era in servizio quando ricevette la chiamata dalla sede di Parker Center, capì subito che per una volta si trattava di un sospetto che aveva connessioni tangibili con la storia del caso. Bianchi aveva vissuto all'809 di East Garfield, ossia nello stesso complesso in cui aveva vissuto Kristina Weckler e dall'altro lato della strada rispetto all'ultima donna assassinata, Cindy Hudspeth. Aveva abitato anche al 1950 di Tamarind, dove Kimberly Martin era stata attirata nella sua trappola mortale.

Salerno e il sergente Dudley Varney volarono allora fino a Bellingham per cercare di recuperare altre informazioni dai detective del posto.

Le notizie da Bellingham fino a quel momento riportavano che Bianchi aveva negato tutto: se aveva ucciso delle donne, non ricordava di averlo fatto. Secondo loro si trattava di un comportamento del tutto prevedibile da parte di un sospetto i cui legami fisici con il crimine per il quale era stato arrestato erano stati confermati. La totale negazione e l'amnesia erano la sua unica opzione. Ma nel frattempo, Kelli Boyd aveva detto agli ufficiali che l'unico vero amico di Ken a Los Angeles era stato suo cugino Angelo Buono. Varney e Salerno erano fiduciosi di avere un'altra pista solida sull'identità del secondo Strangolatore delle colline.

Allora Bob Grogan stava rientrando da un viaggio a Greeley, in Colorado, dove aveva seguito un'altra falsa pista in relazione allo stesso caso: una donna aveva informato la task force che il suo ragazzo, che lei aveva accusato di stupro, aveva confessato di essere lo Strangolatore delle colline. Come altri prima di lui, si era rivelato anche lui un matto.

Il 14 gennaio Varney chiamò il suo partner da Bellingham con la notizia della svolta nel caso. Nell'udire i nomi dei due cugini, Kenneth Bianchi e Angelo Buono, Grogan, in mezzo allo sbalordimento e all'umiliazione, si rese conto che l'investigatore tedesco, il "Dr. Shickelgruber", aveva avuto ragione quando aveva teorizzato che i killer fossero italiani e imparentati tra loro. Era comunque soddisfatto della conferma delle sue speculazioni sul collegamento con Glendale.

La casa e il garage di Angelo Buono furono allora posti sotto sorveglianza. Inoltre, un agente sotto copertura avrebbe pedinato di nascosto Buono ogni volta che avrebbe lasciato i locali. I detective avrebbero parlato con Angelo di lì a poco, ma nel frattempo, dopo aver commesso tanti errori durante le indagini, volevano essere sicuri di avere solide informazioni su cui basare ogni successivo arresto o interrogatorio. Viste le sue attività commerciali, la Polizia era abbastanza sicura che difficilmente Angelo avrebbe lasciato la città, a patto di non sentire alcuna pressione su di lui. L'interrogatorio di Buono avrebbe dovuto attendere il ritorno di Salerno e Varney da Washington con i risultati delle loro indagini a Bellingham.

Nel frattempo, Mangan stava traendo alcune conclusioni inquietanti su ciò che sarebbe potuto accadere se non avesse agito così rapidamente quando Karen Mandic e Diane Wilder erano scomparse. Ulteriori ricerche nella residenza di Bianchi avevano prodotto un elenco di donne che avevano accettato di posare nude per lui per delle sessioni fotografiche. I detective parlarono con una ragazza che compariva nella lista e che aveva accettato di incontrare Bianchi nella stessa residenza di Bayside la sera del 18 gennaio, il giorno in cui era stato arrestato. Quello stesso giorno aveva ricevuto una telefonata da Bianchi che annullava il loro appuntamento. Mangan ipotizzò che Bianchi avesse percepito che gli investigatori si stavano avvicinando a lui e aveva pensato che fosse prudente annullare l'incontro.

Gli investigatori di Bellingham appresero in seguito che Ken aveva contattato un'altra delle donna della lista, ma non aveva ancora fatto piani precisi per incontrarla.

Bianchi aveva ottenuto la lista alla Western Washington University, dove studiavano Karen Mandic e Diane Wilder Le ragazze si erano candidate per il lavoro come modelle di nudo per i corsi d'arte.

La giovane donna che aveva accettato di incontrare Bianchi presso la residenza Catlow il 18 gennaio non era convinta che sarebbe stato un pericolo per lei, anche dopo l'arresto che lo vedeva sospettato degli omicidi di Mandic e Wilder. Aveva detto a Terry Mangan che Bianchi era un ragazzo simpatico e sincero. Avevano arrestato l'uomo sbagliato, per lei non c'era alcun dubbio. Sarebbe stato inutile cercare di convincerla che sarebbe stata la vittima numero tre nello stato di Washington.

Lo stesso Bianchi poneva un mistero per i poliziotti di Bellingham. Non solo aveva negato fermamente il suo coinvolgimento negli omicidi, aveva affermato anche di non riuscire a ricordare nulla degli intervalli di tempo durante i quali si erano verificati. E semplicemente non sembrava né si comportava come un criminale. Era un tipo imbranato, per diamine. In lui c'era qualcosa di contorto e servile, quasi un'assenza di virilità. Le mani che avevano stretto corde intorno a tanti colli non erano grandi e forti, ma snelle, bianche e prive di peluria, come quelle di un pianista o di un pittore. La sua voce era gentile, un po' acuta. Kelli aveva dato loro l'impressione che Ken fosse molto consapevole del suo aspetto; si preoccupava dei vestiti e dei capelli, come una ragazza. Desiderava l'approvazione degli altri, soprattutto dei superiori. Nelle sue interazioni con la Polizia era stato sempre immancabilmente gentile, persino deferente.

Gli investigatori avevano la loro esperienza con i sociopatici e con i criminali, e non trovarono affatto sorprendenti le continue smentite e le denunce di amnesia di Bianchi. Altri invece, come un assistente sociale, chiamato per parlare con lui, non erano così sicuri. Bianchi stava semplicemente negando qualsiasi coinvolgimento. Se la sua essenza più pura era quella di un truffatore, forse era bravo al punto di dare l'impressione di essere un completo estraneo, anche davanti a se stesso. Mentre le prove contro di lui aumentavano, Ken continuava ad apparire in tutto e per tutto il ragazzo americano della porta accanto, sinceramente inorridito dalle cose di cui era accusato. Era quasi come se quelle atrocità fossero state opera di un uomo completamente diverso.

Alla fine, messo di fronte a prove inconfutabili della sua colpa, crollò in lacrime. Venne sopraffatto dalla disperazione e dall'impotenza, che lo privarono di tutte le sue energie.

Era disperato, senza forze. Non avrebbe mai potuto fare le cose di cui lo accusavano. Perché continuavano a insistere sulla sua colpevolezza?

Capitolo 22

KELLI BOYD STAVA COMINCIANDO AD AGITARSI. CREDEVA alle continue smentite di Ken, ma si rendeva conto che c'erano gravi problemi legali, per cui aveva preso l'iniziativa di mettere insieme un po' di soldi per assumere un avvocato, Dean Brett.

Poi venne a sapere che alcuni detective di Los Angeles avevano preso un volo per Bellingham per parlare con lei di Ken. Come se il pensiero che suo marito fosse coinvolto negli omicidi di Karen Mandic e Diane Wilder non fosse stato abbastanza orribile, ora le veniva chiesto di considerare la possibilità che suo marito fosse lo Strangolatore delle colline.

Frank Salerno e Dudley Varney, assieme al detective di Bellingham Dave McNeal, intervistarono Kelli il 14 gennaio del 1979.

Gli agenti non sapevano bene cosa aspettarsi. Sulla base di ciò che sapevano di Kelli fino a quel momento, avevano la sensazione che fosse una vittima innocente, che non sapeva nulla della doppia vita di Ken – che sapeva molto poco di suo marito, in effetti. Ma ovviamente dovevano essere aperti alla possibili sorprese.

Kelli era alta soltanto un metro e cinquantacinque, leggermente pienotta, bionda, vestita sobriamente con una blusa a collo alto. Il suo aspetto non era né ordinario né straordinariamente attraente, ma era molto carina. Sembrava una persona vulnerabile e gli ufficiali decisero di iniziare con alcune domande semplici per metterla a suo agio.

Iniziarono ponendole alcune domande generali sulla sua relazione con Ken. Dove si erano incontrati? Da quanto tempo stavano insieme?

«L'ho incontrato al lavoro, alla California Land Title Company. Ken all'inizio lavorava in un altro ufficio, lo stesso in cui lavorava mia sorella Linda. Una volta sono andata lì per seguire un corso, l'ho incontrato e ho pensato che fosse davvero un bravo ragazzo. Aveva aiutato mia sorella a riparare la macchina... e fondamentalmente è così che ci siamo conosciuti. Poi è stato trasferito nell'ufficio principale e ho cominciato a vederlo tutti i giorni...»

La California Land Title Company era un ufficio immobiliare della Universal City di Los Angeles. Salerno aveva già notato un collegamento con il caso dello Strangolatore. Yolanda Washington aveva presentato domanda di lavoro lì. Inoltre la Universal City era vicina alla zona di Hollywood.

I detective vennero a sapere che la relazione di Kelli con Ken era stata irregolare. Si erano conosciuti nella società immobiliare nel 1976, non molto tempo dopo che Ken si era trasferito a Los Angeles da Rochester. Nel maggio del 1977 Kelli era rimasta incinta e si era trasferita con Ken nel suo appartamento al 1950 di Tamarind. Ma i problemi che avevano tra di loro l'avevano spinta a voler affermare la propria indipendenza e si era trasferita di nuovo. La loro relazione era un continuo tira e molla. Ken era pessimo con i soldi e non riusciva a mantenere un lavoro fisso. Era stato licenziato dalla California Land Title Company quando la direzione aveva trovato della marijuana nel cassetto della sua scrivania.

Kelli aveva sperato che la paternità potesse rendere Ken più responsabile, ma i suoi desideri non si erano mai realizzati. Alla fine aveva rinunciato a lui e si era trasferita di nuovo a Bellingham, dove era cresciuta, per stare vicino ai suoi genitori.

Ma nel maggio del 1978 Ken l'aveva convinta a dargli un'altra possibilità. Si era trasferito a Bellingham e avevano cercato di ricominciare da capo. Kelli si era sentita incoraggiata dal fatto che Ken si fosse assicurato una posizione alla WSA e tesseva le sue lodi come padre ma a livello personale e intimo sentiva che, semmai, erano più distanti che mai.

Salerno annuì tranquillamente tra sé e sé, soddisfatto che il mistero di cosa diavolo stesse facendo Kenneth Bianchi a Bellingham fosse stato almeno in parte risolto. Aveva seguito una donna. Ma era sicuro che in quella storia ci fosse dell'altro.

«Com'è Ken?» le domandò. «Come descriverebbe il suo carattere? È mai stato violento?»

«Oh, no» disse Kelli. «È dolce e gentile. Sa essere l'uomo più dolce. Dovreste vedere quanto adora Ryan...»

Kelli riferì agli agenti che non credeva che Ken avesse ucciso una ragazza, a Bellingham o a Los Angeles. Semplicemente non era da lui.

«Il Ken che conosco io non avrebbe mai potuto uccidere o fare del male a qualcuno.»

Eppure, quando parlarono di dettagli concreti come luoghi e tempi la sua fronte si accigliò e i suoi occhi si appannarono leggermente. C'erano cose per cui non riusciva proprio a trovare una spiegazione.

Gli investigatori mostrarono a Kelli la fotografia di una Cadillac usata di colore blu scuro che un tempo era stata di proprietà di Ken, ma che era stata sequestrata quando non era più riuscito a effettuare i pagamenti. Sul parabrezza dell'auto c'era un sigillo della contea di Los Angeles, uno di quelli che identificavano i veicoli della Polizia. Kelli annuì cupamente, poi disse agli agenti che Ken aveva anche un distintivo della Polizia, proprio come avevano detto gli uomini che vivevano nella casa di Corona Drive.

Nel corso degli anni Ken aveva dato a Kelli una grande quantità di gioielli. Dovette ammettere che c'era una buona probabilità che gran parte fosse stata rubata, date le finanze perennemente incerte di Ken.

Quando i detective di Bellingham avevano perquisito la casa della coppia, sul comò avevano trovato una vasta collezione di gioielli, tra cui una collana che aveva un corno di ariete d'oro come ciondolo e un anello turchese. Non lo sapeva ancora nessuno, ma la collana era appartenuta a Kimberly Martin e l'anello era stato di Yolanda Washington. Ken aveva regalato alla moglie i souvenir delle sue vittime.

———

Quando le porsero delle domande su Angelo Buono, Kelli espresse la sua opinione molto chiaramente. Angelo non le piaceva, non pensava che fosse degno di fiducia o rispettabile, e sembrava persino incolparlo di una parte dei problemi tra lei e Ken.

Ken si allontanava spesso dal lavoro per andare a giocare a carte a casa di Angelo e finiva con l'essere licenziato. Tuttavia, in alcune occasioni Angelo aveva aiutato Ken economicamente. Quando Ken e Kelli erano al verde, Ken diceva: "Ehi, Angelo mi deve dei soldi", andava a casa sua e tornava con venti o quaranta dollari.

Quelle mazzette di denaro che Ken portava a casa, però, non erano il risultato della generosità di Angelo. A Los Angeles stavano per venire alla luce ulteriori informazioni sulla natura della relazione tra Ken e Angelo.

Le impronte digitali di Ken erano state messe a confronto con quelle del telefono pubblico e degli appartamenti di Tamarind e il nome di Bianchi era stato diffuso pubblicamente dai media come quello di un sospetto negli omicidi delle colline. Poco dopo, un residente e avvocato di Bel-Air di nome David Wood aveva contattato il giornalista televisivo Wayne Satz della KABC con delle informazioni su Bianchi, di cui aveva riconosciuto il nome dal notiziario.

Wood disse a Satz che una notte aveva richiesto una prostituta per la serata a un servizio di accompagnamento chiamato Foxy Ladies. Questa giovane donna gli aveva detto che lei e un'altra ragazza furono tenute in schiavitù sessuale da Bianchi e Buono. Entrambe le ragazze venivano regolarmente picchiate e violentate dai due uomini, oltre a essere spedite da centinaia di clienti senza ricevere alcuna paga.

Satz mise Wood in contatto con la Polizia di Los Angeles. Wood disse alla Polizia che il nome della ragazza che aveva visto era Rebekah Spears. La ragazza era spaventata per la propria vita e lui l'aveva aiutata a fuggire da Bianchi e Buono mettendola su un aereo per Phoenix. Non credeva che sarebbero stati in grado di rintracciarla laggiù.

Buono era davvero un tipo affascinante, disse Wood con sarcasmo. Si era infuriato per il furto della sua "proprietà" e aveva lanciato una campagna d'intimidazione contro Wood, conclusa solo quando Wood aveva inviato un suo scagnozzo all'officina di Angelo per fargli arrivare il messaggio.

Frank Salerno riuscì a rintracciare Becky Spears che gli riferì che l'altra ragazza si chiamava Sabra Hannan. Anche Sabra era tornata in Arizona dopo essere sfuggita al suo calvario a Los Angeles.

Salerno riuscì a riportare sia Becky sia Sabra da Phoenix a Los Angeles per interrogarle. I detective di Los Angeles appresero così che tra il 1976 e il 1977 Ken e Angelo avevano gestito un racket di sfruttamento della prostituzione a Los Angeles.

Allora, con quelle informazioni utili in mano, la

squadra di detective di Los Angeles decise di andare a trovare Angelo per interrogarlo.

I detective Bob Grogan e Pete Finnegan avevano già visitato Buono due volte per delle brevi interviste preliminari alla fine di gennaio e all'inizio di febbraio; quelle sessioni erano state progettate semplicemente per avere un'idea di quanto sarebbe stato cooperativo.

La risposta fino ad allora era stata "non molto". Buono si era comportato come se fosse felice di aiutare la Polizia, ma poi aveva continuato a mentire su qualsiasi cosa. Aveva detto che nemmeno lo conosceva poi tanto, suo cugino Kenny. Si erano frequentati mentre viveva a Los Angeles, ma poi aveva preso le distanze dicendo che Ken per lui era in gran parte "un mistero".

I detective avevano fatto i loro compiti su Angelo e sapevano che la cosa era molto probabilmente falsa. Il quarantaduenne Buono dall'esterno aveva tutta l'apparenza di essere un rispettabile imprenditore locale, ma gli agenti scoprirono che aveva già una storia piuttosto ricca di precedenti penali e diversi soci che potevano attestarne il vorace appetito sessuale, le perversioni e la propensione alla violenza carnale. Tutto ciò collimava con le dichiarazioni di David Wood, Becky Spears e Sabra Hannan, che vedevano Angelo e Ken implicati nei reati di schiavitù sessuale e stupro.

E quello era materiale su cui potevano lavorare.

———

Angelo, come suo cugino Ken, proveniva originariamente da Rochester, nello stato di New York. Nato il 5 ottobre del 1934 da emigranti italo-americani di prima generazione provenienti dalla città di San Buono, in Italia, Angelo si era trasferito a Los Angeles con sua madre Jenny e sua sorella Cecilia all'età di cinque anni, dopo che i genitori avevano divorziato.

La sorella di Jenny, Frances Scioliono Bianchi, era la

madre di Ken, ma non la sua madre biologica. Come molti serial killer, Ken era stato adottato. Viveva a Rochester con sua madre e non aveva seguito Angelo a Los Angeles fino al 1976. Da quel punto di vista Angelo non aveva mentito ai poliziotti. I due non avevano il tipo di legame stretto che ci si potrebbe aspettare da due cugini di sangue.

Nei primi anni della sua vita Buono si sarebbe definito cattolico, ma non si era mai preso la briga di frequentare la chiesa. Era anche uno studente mediocre e, poiché sapeva che Jenny non sarebbe stata in grado di controllarlo perché lavorava a tempo pieno, saltava sempre la scuola. All'età di 14 anni, Buono aveva cominciato a vantarsi di aver stuprato e sodomizzato giovani ragazze della zona, ed era probabile che fosse effettivamente quello il modo in cui trascorreva il tempo che altrimenti avrebbe dovuto dedicare ai suoi studi.

Nonostante avesse vissuto nella soleggiata e moderna California da quando aveva cinque anni, Angelo era come un pezzetto del vecchio mondo trapiantato in quello nuovo. Aveva portato avanti le sue tradizioni italiane con devozione, con la bandiera nazionale che sventolava perennemente a mezz'asta sul prato, e la casa, grande e confortevole, per quanto piuttosto scarsamente arredata, sempre perfettamente pulita.

Con una peculiarità del carattere che deviava dalla sua posizione altrimenti fermamente ancorata sul privilegio maschile, il maniaco dell'ordine Buono amava fare le pulizie da sé, e andava sempre avanti e indietro con il piumino per spolverare. Era un amante degli animali e aveva un cane di nome Sparky, dei conigli e un acquario tropicale ben curato.

Di contro, odiava le donne. Fin dalla tenera età era avvezzo a chiamare sua madre Jenny "troia" e "puttana". Quella relazione travagliata divenne un modello per ogni suo futuro rapporto con le donne, che Buono chiamava in maniera riduttiva "troie", senza un briciolo di rimorso.

Per quanto Angelo odiasse quelle "troie", non poteva averne mai abbastanza, e la sua vita romantica e sessuale era a dir poco complicata. Prima dell'arresto di Ken nello stato di Washington, Buono era stato sposato tre volte e aveva avuto otto figli. Alcune delle condanne che aveva ricevuto erano infatti per mancato pagamento del mantenimento. Aveva inoltre ricevuto condanne per furto d'auto, aggressione e stupro, e aveva trascorso molto tempo a fare avanti e indietro dal riformatorio e dal carcere. Le mogli, che inizialmente venivano attratte dal suo stile da macho, finivano per scoprire presto il suo odio radicato per le donne. Aveva un appetito sessuale scandaloso e provava tanto più piacere quanto più il sesso era degradante e doloroso per la donna. Infliggere dolore non faceva altro che aumentare il suo piacere sessuale e c'erano state volte in cui era stato così violento che molte delle sue partner avevano temuto per la propria vita.

Nonostante questo lato sgradevole, Buono era ben conosciuto e rispettato in giro per Glendale e Hollywood per il suo lavoro di tappezzeria automobilistica. Buono aveva abbandonato le scuole superiori, ma era riuscito a rimettersi in piedi quando aveva avviato la sua attività a quarant'anni. Angelo era un abile artigiano e aveva la reputazione di un onesto uomo d'affari. I suoi servizi erano molto ricercati.

A Los Angeles tutti sapevano che un uomo senza una bella macchina non era affatto un uomo. Molti personaggi di alto profilo andavano da Angelo per assicurarsi che gli interni delle loro auto fossero belli quanto l'esterno. I suoi migliori clienti erano i pezzi grossi di Hollywood, gente come Frank Sinatra.

Nonostante i precedenti di stupro e aggressione, durante le loro ricerche i detective scoprirono che non tutte o neanche la maggior parte delle donne che avevano avuto rapporti sessuali con Angelo lo avevano fatto contro la loro volontà. Nella sua zona Buono aveva una reputazione da dongiovanni ed era perennemente circondato da uno stuolo di giovani donne che facevano a gara per le sue attenzioni.

All'interno della sua cerchia, questo Don Giovanni, era conosciuto con un paio di soprannomi come lo "Stallone Italiano" e "l'Avvoltoio". In qualche modo, Angelo riusciva a mettere un certo stile in stereotipi piuttosto squallidi, come quello del materasso ad acqua e del rifiuto di indossare qualsiasi tipo di biancheria intima che non fosse di seta rossa.

Grogan e Finnegan rimasero perplessi e alquanto disgustati dal successo registrato da Angelo con le donne, perché l'uomo che avevano incontrato in Colorado Street durante quei colloqui preliminari nel febbraio del 1979 non poteva in alcun modo essere descritto come attraente.

Era piuttosto basso, di corporatura troppo esile, con una massa di capelli neri e ricci, tinti, un grosso naso storto e denti altrettanto storti. La sua pelle sembrava cuoio unto e parlava con una voce gutturale e una pronuncia blesa che faceva pensare ai serpenti e ai rettili. Grogan fece notare a Finnegan che non pensava di aver mai visto un uomo che somigliasse di più a un ammasso di escrementi.

Grogan rimase ancora più sconvolto quando scoprì che la sua compagna si era recata personalmente presso l'officina per dargli un'occhiata. La sua curiosità era stata stuzzicata quando era venuta a sapere che Angelo aveva una reputazione da donnaiolo, mentre Grogan lo descriveva sempre come "viscido" e "brutto".

Secondo lei Buono aveva sicuramente qualcosa di magnetico, sebbene non fosse convenzionalmente attraente.

«Se non avessi saputo chi era,» aveva detto, «mi sarei potuta togliere i vestiti lì per lì!»

«Dannazione!» Aveva gridato Grogan. «Non avvicinarti mai più a quel tipo!»

———

I detective Grogan e Finnegan intervistarono Angelo nel suo negozio di tappezzeria il pomeriggio del 6 febbraio, nell'ufficio annesso al garage. La sessione venne registrata su un dispositivo audio che Grogan aveva nascosto all'interno della sua giacca.

I detective si erano presentati senza preavviso nel tardo pomeriggio, in quello che supponevano essere l'orario di chiusura dell'attività di Buono. Angelo non era sembrato affatto turbato dal loro arrivo, e non si era mostrato né ospitale né ostile. La cosa avrebbe dovuto far pensare che non avesse nulla da nascondere, ma probabilmente indicava piuttosto la sua fiducia assoluta nella sua capacità di ostacolare la Polizia e non fornire alcuna informazione di valore.

Quando si sedettero per parlare, i tre uomini furono interrotti brevemente da un forte ronzio.

«Mia moglie» disse Angelo con noncuranza. «Dev'essere uscita.»

Quella fu una sorpresa: sembrava che di recente si fosse risposato, per la quarta volta.

La sposa, vennero a sapere, era una giovane immigrata cinese di nome Tai-Fun Fanny Leung. Il campanello di Angelo suonava ogni volta che lei entrava o usciva da casa, così poteva tenere traccia dei suoi spostamenti anche quando non poteva allontanarsi dal garage. Buono avrebbe poteva anche negare di conoscere bene Ken o di sapere qualcosa sugli omicidi delle colline, ma ovviamente quel suo atteggiamento signorile nei confronti delle donne nella sua vita contribuiva a consolidare una certa immagine di carattere coerente con quella che si stava cominciando a delineare.

Grogan chiese ad Angelo se fosse mai stato al Robin

Hood Inn, un locale di Glendale dove una cameriera aveva detto ai detective di aver visto parlare Angelo con Cindy Hudspeth, che un tempo aveva lavorato lì come cameriera part-time.

Angelo non solo negò di essere mai stato al Robin Hood, ma sostenne anche – in modo piuttosto poco convincente, vista la sua posizione proprio su Glendale Avenue – di non sapere nemmeno dove fosse.

«Non bevo alcolici» disse con orgoglio.

Gli ufficiali in seguito scoprirono che almeno su quello aveva detto la verità. Nella maggior parte delle persone l'astensione dall'alcol può essere considerata un segno di moderazione e maturità, mentre in quel caso supposero che Angelo non avesse mai sviluppato il vizio dell'alcol a causa della perdita di controllo che avrebbe potuto causare. Angelo voleva avere sempre il controllo. Non avrebbe mai regalato un vantaggio a qualcuno.

In seguito Grogan chiese ad Angelo di Becky Spears e Sabra Hannan. Conosceva almeno una di quelle ragazze? Tirò fuori due foto e le mostrò all'uomo.

Angelo rispose che non aveva mai sentito parlare di Becky Spears prima di quel momento, ma aveva conosciuto Sabra tramite Ken. Spiegò che un tempo avevano avuto una "cosa".

«Che tipo di "cosa"? Si stavano frequentando? Dormivano insieme?»

«Non saprei, amico. Non metto il naso negli affari di Ken.»

Quindi Angelo non conosceva bene Ken, ma sapeva che aveva avuto una "cosa" con Sabra. Interessante.

E il servizio di accompagnamento Foxy Ladies? Aveva avuto a che fare con loro?

Angelo ammise di conoscere il proprietario e l'autista, ma a quanto pare non sarebbe stato in grado di identificare l'autista da una foto. Spiegò in modo confuso che li aveva incontrati "tramite qualcun altro". Il loro uomo stava facendo finta di collaborare, ma non stava dicendo nulla.

Alla fine Grogan perse la pazienza.

«Allora Angelo, ora basta perdere tempo. Abbiamo già parlato con Becky, abbiamo già parlato con Sabra. E abbiamo già parlato con David Wood, l'avvocato di Bel-Air che hai cercato di fregare. Tu e Ken stavate portando avanti un giro di prostitute!»

Angelo alzò gli occhi al cielo.

«Non ho mai portato avanti nessun giro di nessuna prostituta. Senti amico, io sono solo un tipo normale, proprio come te. E ho un lavoro da fare, proprio come te. Quindi cerchiamo di toglierci davanti questa cosa, così ognuno può tornare a fare il proprio lavoro.»

Angelo era calmo e sicuro. Andò avanti con la sua strategia, che da quel momento in poi sarebbe rimasta più o meno invariata: negare qualsiasi conoscenza o coinvolgimento in qualsiasi cosa, e laddove ammetteva di sapere qualcosa, attribuire tutto a Kenny.

«Quelle ragazze,» disse, «quelle Becky e Sabra... credo che lavorassero per Kenny. Io non c'entravo proprio niente.»

Buono allora tirò fuori una storia ridicola secondo la quale Becky e Sabra si sarebbero fatte avanti per prostituirsi e stavano gestendo la loro operazione da casa senza che lui ne facesse mai parte, con Kenny che faceva da pappone. Ammise di aver fatto sesso con le due ragazze, ma era stato tutto consensuale – lo volevano loro, naturalmente – e lui non aveva idea di quanti anni avessero.

A quel punto Grogan era davvero pieno di rabbia. Decise di andare dritto al punto. Si mise dritto davanti ad Angelo e iniziò a urlargli in faccia:

«Io e il mio socio, qui, lavoriamo alla omicidi, capito? Quindi la sollecitazione e la prostituzione non ci interessano, a meno che non siano pertinenti alla domanda che stiamo facendo. Ne abbiamo già parecchia di roba su di te, pezzo di merda. E non solo sulle aggressioni e gli stupri. Abbiamo un testimone che ti ha visto far salire in macchina Judy Miller su Sunset. Un altro che ti ha visto rapire Lauren Wagner insieme a Kenny. Stai vedendo dove voglio arrivare?!»

Per dimostrare che faceva sul serio, Grogan si tolse il registratore audio dalla giacca e lo appoggiò davanti a loro sulla scrivania. Per un momento Angelo sembrò preoccupato e spostò gli occhi verso il pavimento, a disagio. Grogan pensò di essere sul punto di farlo capitolare. Ma Angelo si ricompose altrettanto rapidamente.

«Non ho ucciso nessuno, io. Non ho rapito nessuno. Ve la state prendendo con la persona sbagliata.»

Angelo era talmente sereno che rinunciò al suo diritto alla presenza di un avvocato.

Gli investigatori si resero conto che probabilmente non avrebbero cavato granché da lui, ma ricominciarono lo stesso l'interrogatorio. Sorprendentemente, questa volta le cose andarono un po' meglio.

Gli agenti allora riuscirono a fare ammettere a Buono che suo cugino Ken era molto più di un semplice conoscente: in realtà, i due si conoscevano piuttosto bene. Per un po' di tempo, dopo il suo arrivo a Los Angeles da Rochester, Ken aveva vissuto con lui in Colorado Street. Angelo disse anche che Ken in seguito aveva abitato per un certo periodo di tempo all'809 di East Garfield e al 1950 di Tamarind. Accennò al fatto di aver visitato Ken agli appartamenti di Tamarind e di aver incontrato diverse volte Kelli Boyd, "quella cagna grassa". Confermò anche che Ken aveva lavorato per la California Land Title Company, che aveva fatto domanda per le Riserve della Polizia di Los Angeles e che aveva partecipato al programma di accompagnamento in pattuglia.

Le informazioni fornite da Buono non lo vedevano direttamente coinvolto, ma stavano sicuramente contribuendo a costruire il caso contro Ken e a legarlo al cugino in alcuni luoghi e momenti importanti.

I detective vollero sapere se Buono, come Bianchi, avesse qualche armamentario da poliziotto. Angelo rispose di non aver mai avuto distintivi della Polizia, veri o falsi. Puntò di nuovo il dito contro Bianchi, citando sia il simbolo della contea sul finestrino della Cadillac blu che "un qualche tipo" distintivo. Angelo, tuttavia, rendeva sempre le sue ammissioni più confuse usando termini vaghi o addirittura facendo affidamento su una pratica imprecisione dovuta al suo stesso semi-analfabetismo. Sembrava che, per qualche ragione, non fosse del tutto a suo agio nel mettere nei guai Ken.

«Aveva qualcosa del genere,» spiegò Angelo a proposito del distintivo, «ma non ne sono sicuro. Quel genere di roba si può comprare al mercato delle pulci. Laggiù hanno di tutto. Voglio dire, distintivi falsi se ne trovano dappertutto in città. Un sacco di ragazzi hanno quella roba.»

Era vero e gli investigatori ne erano consapevoli. Era una delle cose che rendevano più difficile il loro lavoro. Il fatto che un tizio fosse in possesso di un distintivo della Polizia falso non faceva di lui lo Strangolatore delle colline.

Sapevano già che Ken aveva uno stemma della contea sulla sua Cadillac, quella di cui l'agenzia si era riappropriata quando non aveva effettuato i pagamenti. Ma la conferma del fatto da parte di Buono era potenzialmente utile. Poco prima Angelo aveva negato di sapere molto su Ken. Ma ora aveva ammesso di essere a conoscenza degli stessi fatti che legavano Ken al caso. Era a un passo dall'implicare se stesso.

In seguito Buono aveva offerto alcuni chiarimenti sulle credenziali false da psicologo che la Polizia di Bellingham aveva trovato all'interno della valigetta nell'auto di Ken. Disse che aveva condiviso un ufficio a

North Hollywood con un altro tipo. Lì teneva roba appesa al muro, certificati e cose del genere.

L'ufficio cui si riferiva Buono si trovava nell'edificio di Lankershim dove Jan Sims ha avuto il suo strano incontro con Ken Bianchi nel parcheggio mentre aspettava la figlia. I detective a quel punto ebbero la sensazione che Ken si fosse finto uno psichiatra o uno psicologo e che avesse ricevuto pagamenti per dei servizi effettuati sulla base di credenziali fasulle.

Grogan poi saggiò la conoscenza di Angelo su un elenco di luoghi legati agli omicidi delle colline, sia come punti di abbandono sia come punti di rapimento: Forest Lawn Drive, Angeles Crest, Eagle Rock Plaza, La Crescenta. Angelo negò di essere mai stato in quei posti con Ken, ma disse di conoscerli tutti o come parte d'itinerari di guida in giro per la città, o perché li aveva visitati con amici o familiari.

Grogan mostrò ad Angelo le foto di tutte le vittime delle colline. Conosceva qualcuna di quelle ragazze? Le aveva mai viste prima?

La voce di Buono era piatta mentre per ogni ragazza affermava o di non averla mai vista prima o di averla vista, "forse", in TV. Non batté ciglio neanche una volta e sembrava annoiato, persino indifferente. Ciò che avevano sofferto le ragazze chiaramente non gli importava, anche se non avesse dovuto avere niente a che fare con le loro morti.

Alla fine, Grogan chiese ad Angelo di punto in bianco se fosse coinvolto negli omicidi. L'uomo rispose che avrebbe continuato a dire da lì in avanti, quando più a lungo possibile: quello che sapeva, lo sapeva dai media.

Se quello che sapeva veniva dai media, ciò implicava che aveva seguito le notizie sul caso. Si era fatto qualche idea su chi fosse lo Strangolatore delle colline?

Buono continuava a nascondersi dietro la propria apparente ignoranza.

«Non leggo, quindi non ho visto niente sui giornali. Potrei aver visto qualche cosa in televisione.»

Poi fece un tentativo palese e ridicolo di depistare i detective.

«Una volta un mio amico ha tirato fuori l'argomento ed io ho detto che forse dovevano cercare due ragazze. O un ragazzo e una ragazza. Perché una ragazza salta in macchina più veloce se c'è un'altra donna, no? Piuttosto che se ci sono due tizi.»

Infine, gli investigatori chiesero ad Angelo se avesse avuto contatti con Ken da quando si era trasferito a Bellingham.

Angelo rispose con un secco "no". Supposero che stesse dicendo la verità, per una volta.

Grogan e Finnegan sospettavano che ci fosse stata una "rottura" tra Angelo e Ken. Kelli Boyd non era stata l'unica cosa che aveva attirato Ken a Bellingham. Doveva essere successo qualcosa tra di loro a Los Angeles, Ken se n'era scappato e ora i due non si potevano vedere. Ma l'unica allusione che aveva fatto Angelo a un potenziale conflitto tra di loro era la propensione di Ken a prendere in prestito denaro senza restituirlo.

«Sentite, era davvero un bravo ragazzo,» disse Angelo, «faceva i salti mortali per aiutarsi. Ma a volte se voleva qualcosa e tu non gliela davi, si arrabbiava. Ed io ripetevo a me stesso, perché farsi problemi per qualche dollaro? Io preferisco non pensarci. Poi la prossima volta non glieli presto. Chiaro, no?»

Quindi Ken aveva un carattere irascibile. Pensava che potesse essere coinvolto negli omicidi?

«Può essere» rispose Buono pensieroso. «Non si sa mai. Non stava troppo bene. Forse ha perso la testa.»

———

I detective ottennero più informazioni su Angelo dall'ex moglie, Candy, che non ci teneva affatto a garantire per la sua affidabilità. Disse che Angelo l'aveva sempre aggredita sia fisicamente sia sessualmente, e aveva ancora più interesse a legarla al letto per i polsi e le caviglie prima di violentarla e di sodomizzarla.

Grogan cercò di vagliare la possibilità di far parlare i figli di Buono con la Polizia.

Assolutamente no, fu la risposta. I figli di Buono erano tutti terrorizzati da lui. Suo figlio Peter era convinto che Angelo lo avrebbe ucciso e secondo lei Angelo non avrebbe esitato a distruggere chiunque fosse andato contro di lui o alle sue spalle.

Candy comunicò loro un'informazione importante e interessante riguardo al cumulo di rifiuti sul fianco di Landa Street, dove erano stati trovati i corpi di Dollie Cepeda e Sonja Johnson. Quella zona era ben nota a Buono. L'aveva sempre chiamata in maniera informale la "zona delle mucche" e vi aveva portato lei e i bambini per i picnic di famiglia, figurarsi.

Un'altra connessione geografica al caso venne alla luce quando si scoprì che un'ex fidanzata di Angelo, Melinda Hooper, viveva in Alta Terrace Drive, dove era stato scaricato il corpo di Judy Miller. La residenza di Hooper, una grande casa bianca a due piani che condivideva con i genitori, era in realtà più o meno proprio accanto al luogo dov'era stato abbandonato il cadavere, al numero 2844.

Anche il vecchio coinquilino di Angelo, l'attore di Hollywood Artie Ford, aveva alcune informazioni interessanti per la Polizia. Artie disse di non essersi mai immischiato nei suoi affari, ma che Angelo aveva alcune "peculiarità" e aveva fatto alcuni commenti poco civili che lo avevano messo in guardia abbastanza da starne alla larga.

Artie raccontò che Buono si era vantato di aver violentato una delle sue figliastre, Annette, quando aveva solo quattordici anni, accennando al fatto che "bisognava farle un rodaggio". Quando aveva finito, aveva passato Annette ai suoi figli perché ne abusassero anche loro. Peter, uno dei figli di Buono, sosteneva che una volta Angelo aveva sodomizzato anche lui.

La casa che Artie condivideva con Angelo si trovava nei pressi di una scuola superiore. Un giorno, Artie si era imbattuto in Buono che si masturbava mentre ammirava le studentesse con un binocolo.

Poi c'era stata quella volta in cui Buono si era infuriato con Candy dopo un litigio. Aveva deciso di intrufolarsi in casa sua e di lasciare il gas aperto in cucina, nella speranza che si fosse accesa una sigaretta e si fosse fatta saltare in aria insieme alla casa.

«Mio Dio,» aveva commentato Artie, «e i bambini?»

«Fanculo i bambini» aveva risposto Angelo.

Come se tutto ciò non fosse stato abbastanza da confermare i sospetti del suo coinvolgimento nello stupro brutale e nell'omicidio di dieci donne a Los Angeles, si aggiungeva il fatto risaputo che crescendo Buono aveva avuto come idolo il cosiddetto "bandito della luce rossa", Caryl Chessman.

Chessman era stato un rapinatore e uno stupratore responsabile di una serie di attacchi a Los Angeles e dintorni negli anni '40. Chessman adescava le sue vittime seguendo le loro auto verso aree appartate. Fingendo di essere un agente di Polizia, puntava la luce di una torcia attraverso i finestrini e chiedeva alle persone di uscire dal veicolo, dopodiché le derubava e, quando si trattava di donne, le violentava.

Capitolo 23

NELLO STATO DI WASHINGTON I DETECTIVE DI BELLINGHAM stavano lavorando sodo per consolidare il caso contro Ken riguardo agli omicidi di Karen Mandic e Diane Wilder.

Nelle settimane successive al suo arresto, gli agenti Fred Nolte e Robert Knudsen erano tornati nella residenza del dottor Catlow a Bayside e avevano setacciato l'intera abitazione in cerca di prove fisiche. Tale operazione stava facendo emergere un'immagine più precisa del modo in cui Karen e Diane erano andate incontro alla loro fine. Nolte e Knudsen dedussero che il luogo esatto dell'omicidio era stato una rampa di scale che conduceva al seminterrato.

I detective partirono dalla tromba delle scale e si fecero strada verso l'alto, carponi, esaminando i gradini con torcia e pinzetta. Al sesto gradino trovarono un pelo pubico. Al nono e al decimo gradino capelli lunghi, sia biondi che scuri. In seguito venne accertato che quei capelli provenivano rispettivamente da Karen e Diane. Il pelo pubico risultò appartenere a Bianchi. Con quelle prove, erano pronti ad andare in tribunale.

Il 26 gennaio 1979, Kenneth Bianchi venne portato davanti alla Corte Superiore della Contea di Whatcom con l'accusa di omicidio di primo grado per la morte di

Karen Mandic e Diane Wilder. L'avvocato del pubblico ministero, David McEachran, chiese che Bianchi fosse trattenuto in custodia senza cauzione a seguito della citazione in giudizio per omicidio. Su richiesta di McEachran, il giudice Jack Kurtz aveva sigillato l'affidavit presentato dall'accusa e contenente i dettagli delle accuse e la prova di colpevolezza. Su richiesta dell'avvocato difensore Dean Brett fu inoltre disposto un obbligo di non pubblicazione degli atti.

Ken, nonostante i consigli in senso contrario da parte di tutti, continuava a sostenere che Karen e Diane dovessero essere state uccise da qualcun altro. Lui semplicemente non era capace di fare una cosa simile. Le prove erano inconfutabili ma a Bianchi non importava: non avrebbe mai ammesso qualcosa che sapeva di non aver fatto, anche a costo di andare incontro alla propria stessa morte.

E quello era esattamente ciò a cui sarebbe andato incontro: dopo aver sentito la sua dichiarazione di non colpevolezza per entrambe le accuse, il giudice Kurtz della Corte Superiore della Contea di Whatcom fissò la data del processo per l'8 marzo. Kenneth Bianchi ora stava rischiando la pena di morte nello Stato di Washington.

———

Oggi Dean Brett è un avvocato affermato nella contea di Whatcom specializzato in lesioni personali e omicidio colposo. Alla fine degli anni Settanta aveva appena terminato l'università e aveva preso in carico alcuni casi penali perché all'epoca a Bellingham mancava un sistema di difesa d'ufficio. Vista la situazione finanziaria di Kelli e il carico di lavoro che già aveva, aveva accettato di occuparsi del caso di Ken con la clausola che vi avrebbe dedicato solo i fine settimana in cambio di un piccolo compenso. Dean Brett stava cercando di mettere insieme la difesa di Ken Bianchi con poco tempo e scarse risorse a disposizione. La difficoltà del suo compito era aggravata dall'apparente incapacità di Bianchi di ricordare qualsiasi cosa sulla notte degli omicidi.

Quando era stato interrogato per la prima volta da Brett, Ken aveva affermato che quella sera aveva fatto dei "giri in macchina" a una certa distanza dalla casa di Bayside. Quando Brett gli aveva ricordato dell'esistenza di prove incorfutabili della sua presenza nella residenza di Bayside nel momento in questione, Ken aveva poi affermato di aver inventato la storia del giro in macchina per colmare il vuoto di memoria relativo a quel periodo di tempo.

Brett era una delle persone che non riuscivano a spiegarsi Bianchi. Non riusciva a conciliare l'immagine di quel Bianchi pacato e deferente con la natura estremamente violenta delle accuse criminali contro di lui.

Aveva una mentalità più liberale rispetto alla maggior parte degli avvocati di Whatcom e sicuramente era uno di quelli che aderivano alla visione secondo la quale si è "innocenti fino a prova contraria". Ma non era affatto ingenuo o facilmente influenzabile.

Da un punto di vista cinico, ma spesso corretto, l'avvocato difensore produce prove, presenta punti di vista e in generale agisce semplicemente al fine di scagionare il proprio cliente. Affermazioni di questo tipo furono fatte anche su Dean Brett, tuttavia egli continuò a sostenere che quando Bianchi gli aveva detto di essere innocente, lui gli aveva creduto veramente, almeno per quando riguardava il fatto di non ricordare.

Era anche preoccupato per lo stato mentale del suo cliente in generale. Ken gli sembrava confuso e sconvolto al punto da avere tendenze suicide; in effetti, il suo cliente aveva lasciato intendere che, se avesse avuto i mezzi, avrebbe potuto porre fine alla propria vita.

Bianchi era inorridito dalla possibilità di essere stato il responsabile degli omicidi delle due giovani donne.

Tutte le prove puntavano in quella direzione, eppure lui non aveva memoria degli eventi, e non si credeva nemmeno lontanamente capace di un atto simile.

Brett decise di rivolgersi a John Johnson, uno psichiatra e assistente sociale che in precedenza aveva lavorato presso l'Università del Montana. Johnson trascorse diverse sessioni con Ken nel febbraio 1979, cercando sia di calmare il giovane imputato sia di superare le sue difese.

Ken sembrava avvolto da una specie di torpore catatonico. A volte ad aprirsi un varco erano dei singhiozzi di disperazione. Sembrava preoccupato soprattutto per la sua famiglia. Era in pena per Kelli e Ryan. Come se la sarebbero cavata senza di lui? Ed era preoccupato per sua madre, per come avrebbe affrontato tutto quello che stava accadendo. Alla sua età non aveva bisogno di tutto quello stress. Si sarebbe ammalata.

Era molto orgoglioso del suo lavoro alla WSA. Le cose sembravano essere in ripresa per lui a Bellingham, e ora questo. Durante le sessioni, Ken, che teoricamente era cattolico, armeggiava ansiosamente con un rosario.

«Mi ero allontanato dalla mia fede» diceva. «Ma in un momento come questo Cristo è tutto quello che ho. Sto pregando tutti i giorni. Cos'altro altro potrei fare?»

Come Brett, anche Johnson trovava impossibile conciliare la personalità apparentemente intelligente e sensibile che vedeva davanti a sé con quella di uno stupratore e di un assassino. Cominciò a sospettare che l'amnesia di Bianchi avesse qualcosa a che fare con quel paradosso. Johnson riferì questa possibilità a Brett e la accennò a Bianchi.

Nel frattempo, per cercare di venire a capo di quel caso particolarissimo, e in mezzo alla scarsità d'informazioni utili da parte del suo cliente, Brett aveva cominciato a chiamare chiunque avesse conosciuto Bianchi in passato cercando di portare alla luce qualsiasi informazione esistente su di lui sia da Los Angeles sia da Rochester, nello stato di New York, dove Ken era nato e cresciuto.

Il quadro che stava emergendo era bizzarro e affascinante, e suggeriva una direzione diversa per la difesa. Decise che per venire a capo di tutto avrebbe avuto bisogno dell'assistenza di uno psichiatra esperto, quindi, su suggerimento di Johnson, Brett telefonò a Donald T. Lunde della Stanford University, il primo psichiatra forense in America, e gli chiese di recarsi a Bellingham per esaminare Bianchi.

Durante quella conversazione Lunde chiese a Brett se pensasse che Bianchi avesse ucciso le due studentesse nello stato di Washington.

«Sì, è stato lui» rispose Brett. «Ma non ho la più pallida idea del perché. Non sono un medico, ma... Credo che questo ragazzo abbia seri problemi psicologici di qualche tipo.»

Brett aveva appurato, per mezzo di documenti conservati a Rochester, che Ken aveva avuto una storia di consultazioni psichiatriche durante l'infanzia. Inviò copie di questi documenti a Lunde in modo che potesse prepararsi per la sua sessione con Bianchi.

I registri documentavano una storia precoce di abusi fisici e psicologici da parte della madre adottiva di Ken, Frances, così come episodi di assenza tipica e attacchi di trance vegetativa durante i quali i suoi occhi rotolavano all'indietro e lui si dondolava o girava la testa da una parte all'altra. Lunde era particolarmente interessato alla descrizione degli stati di "trance" del bambino e all'annotazione allegata dal medico incaricato della valutazione: "sembra non sapere quello che sta succedendo".

Durante quegli episodi Ken aveva perso la consapevolezza di ciò che lo circondava, per cui Lunde si chiese se potessero essere considerati precursori della presunta condizione amnesica o dissociativa di cui soffriva nel presente.

A quel punto, poiché Bianchi negava ancora categoricamente il suo coinvolgimento negli omicidi di Karen Mandic e Diane Wilder – o di averne alcuna memoria – e poiché la malattia mentale si profilava come una possibilità, Dean Brett aveva esortato Bianchi a cambiare la sua dichiarazione.

Nel 1970 il caso della Corte Suprema *North Carolina contro Alford* aveva stabilito un precedente per il cosiddetto appello di Alford, in cui si affermava che non esistono barriere costituzionali per impedire a un giudice di accettare una dichiarazione di colpevolezza da un imputato anche quando questo continua a protestare la sua innocenza. Una dichiarazione di colpevolezza per salvare la vita di Ken. D'altra parte, se Ken avesse sofferto veramente di una malattia mentale, non sarebbe stato capace di stare in giudizio.

Il giudice Kurtz offrì a Brett l'opportunità di modificare l'appello della difesa con un termine di trenta giorni. Dean Brett aveva bisogno di sapere se Kenneth Bianchi era nel pieno delle sue facoltà mentali per sostenere una dichiarazione di colpevolezza o un processo.

———

Lunde intervistò Ken Bianchi nella prigione della contea di Whatcom il 10 marzo. L'imputato era pulito e ben rasato, ma pallido e molto magro. Disse che stava mangiando poco; non aveva appetito. Si aggrappava al rosario e se lo rigirava tra le mani mentre parlava.

Secondo il parere di Lunde, il suo primo obiettivo durante quell'intervista doveva essere quello di provare a convincere Bianchi ad aprirsi su alcuni aspetti della storia che avevano individuato nei registri medici e psichiatrici di Rochester. Secondo qualsiasi canone Bianchi sarebbe dovuto essere un uomo profondamente disturbato, ma non era quello che stavano osservando. Ken era dolce come il miele, sembrava un ragazzo normale che era semplicemente finito in una situazione orribile, senza idea del come o del perché.

Dopo alcune domande preliminari, Lunde andò dritto al punto.

«Come descriveresti tua madre, Ken?»

Il viso di Bianchi s'illuminò e sorrise alla menzione di Frances.

«Era una vera santa, sa. Il tipo di donna che farebbe di tutto per chiunque. Nutro tutto il rispetto del mondo per mia madre.»

Ken continuò all'infinito, facendo il panegirico di Santa Frances. Era la madre più gentile e amorevole che un ragazzo potesse avere.

Lunde corrugò la fronte, ripensando ai suoi appunti. C'era decisamente qualcosa che non quadrava. In realtà i servizi sociali erano stati diverse volte sul punto di allontanare Ken da Frances con l'accusa di abusi sui minori. Come poteva essere che l'incapacità di accettare la sua storia fosse così forte per Ken? Scaturiva dalla stessa fonte dei suoi buchi di memoria riguardo agli omicidi?

Il Dr. Lunde, concentrandosi sui problemi presentati dal pattern di negazione e amnesia di Ken, suggerì a Dean Brett di somministrargli amilato di sodio per sbloccare la sua memoria. Negli anni '50 e '60, quando era impiegato presso l'intelligence statunitense e sovietica durante la Guerra Fredda, l'amilato di sodio era conosciuto colloquialmente come "siero della verità". La sostanza chimica si era dimostrata in grado di aiutare le persone a ricordare eventi altrimenti repressi della loro memoria.

Tuttavia, quell'idea presentava diversi problemi. Dean Brett aveva in vista la scadenza dell'accusa e Lunde non sarebbe potuto tornare di nuovo a Bellingham per supervisionare e registrare la procedura. Inoltre l'amilato di sodio funziona in maniera simile a un forte anestetico e andrebbe somministrato in un ospedale, ma le autorità non avevano intenzione di permettere a Ken di lasciare la prigione, neanche se un ospedale locale fosse stato disposto a farsene carico.

Come compromesso, invece dell'amilato di sodio, si decise di provare ad aprire la mente di Ken con l'ipnosi.

Lunde non era completamente d'accordo con la proposta e avvertì Brett che l'ipnosi era suscettibile di manipolazione e sabotaggio, laddove l'amilato di sodio non poteva esserlo. Un pubblico ministero preparato sarebbe stato in grado di persuadere la maggior parte delle giurie a respingere le prove risultanti.

Nonostante le sue riserve, Lunde suggerì a Brett di cntattare il dottor John G. Watkins, un esperto nel campo dell'ipnosi e dei disturbi dissociativi dell'Università del Montana.

Insieme alla moglie, la dottoressa Helen Watkins, il dottor Watkins aveva sviluppato una nuova terapia, nota come terapia dello Stato dell'Io, che esplorava le personalità represse come cause di problemi psicologici nei clienti. Questa terapia è un approccio psicodinamico in cui sono impiegate tecniche di terapia familiare e di gruppo per risolvere i conflitti tra i vari "stati dell'Io" che costituiscono una "famiglia del sé" all'interno di un singolo individuo. La teoria sosteneva che sebbene gli stati nascosti dell'Io di norma non diventano evidenti se non in una vera e propria personalità multipla, gli stessi possono essere attivati per via ipnotica e resi accessibili attraverso il contatto e la comunicazione con il terapeuta.

Watkins aveva credenziali di tutto rispetto: era professore di psicologia all'Università del Montana e un ambasciatore dell'American Board of Professional Psychology e dell'American Board of Psychological Hypnosis. Eppure, le sue opinioni sull'incidenza del disturbo da personalità multipla (DPM) erano controverse.

Laddove l'opinione medica e psichiatrica generale riteneva che il disturbo fosse raro, Watkins riteneva che il DPM non venisse diagnosticato abbastanza quando spesso sarebbe potuto essere invece un candidato valido per spiegare una patologia preesistente nei casi di amnesia.

La curiosità di Watkins per il caso di Ken era stata alimentata non solo dalle descrizioni di Lunde, secondo il quale il "paziente" presentava un vero enigma, ma anche dalla notizia di qualcosa che i poliziotti avevano trovato nel seminterrato di Ken, nella casa che condivideva con Kelli a Bellingham: una statua che doveva essere, a quanto pare, un progetto artistico dei tempi della scuola superiore. La statua aveva due teste: una rappresentava un uomo normale e sorridente, l'altra un mostro che fa una smorfia.

Era la prova che Ken fosse consapevole di avere una "mente divisa" già nel lontano passato, ben prima di essere accusato di omicidio?

Capitolo 24

A Los Angeles, la notizia che la difesa aveva chiamato Watkins per esaminare Bianchi era stata gradita quanto una diagnosi di cancro. Chiamare un "esperto" come Watkins poteva solo significare che stavano montando una difesa fondata sull'infermità psichica.

Salerno cercò di ragionare lucidamente.

Be', pensò tra sé e sé provando a fare l'avvocato del diavolo, mettiamo che Bianchi *sia effettivamente* pazzo.

Era vero che Kenneth Bianchi per loro era relativamente uno sconosciuto. Da Bellingham erano venuti a sapere che fin dall'inizio era stato coerente nel sostenere la sua innocenza e il suo stato di amnesia per l'epoca dei fatti di cui era stato accusato.

Ma qualsiasi poliziotto esperto avrebbe visto che si trattava verosimilmente di un mucchio di stupidaggini. Quante possibilità c'erano, seriamente? E ponendo il caso che si trattasse di una farsa, erano morte dodici donne e il massimo che sarebbe toccato a Bianchi sarebbe stato un po' di tempo in un istituto psichiatrico con vitto, alloggio e terapia finanziati dallo stato fino a quando non sarebbe stato dichiarato "sano di mente" e rilasciato in anticipo. Peggio ancora, qualsiasi causa contro Angelo Buono sarebbe potuta crollare perché

Bianchi, se fosse stato ritenuto legalmente pazzo, non avrebbe potuto testimoniare durante quei processi.

Concentrato su questo pericolo, Salerno avviò una richiesta per formare una delegazione di Los Angeles e partecipare alle sessioni tra Watkins e Bianchi. Dean Brett acconsentì e la sessione venne fissata per il 21 marzo.

———

Salerno e il detective Pete Finnegan volarono sul posto e incontrarono Dean Brett, John Watkins e John Johnson nella prigione della contea di Whatcom per discutere dei preparativi. Venne stabilito che il dottor Watkins avrebbe condotto la sessione con Ken e che Johnson avrebbe operato l'apparecchiatura di registrazione all'interno della stanza, ma senza partecipare. La sessione sarebbe stata videoregistrata nella sua interezza. Salerno e Finnegan avrebbero guardato da dietro uno schermo semiriflettente in un'altra stanza. Loro avrebbero potuto vedere Ken ma lui non avrebbe visto loro.

Prima dell'intervista, a Ken era stata data una copia del rapporto della Clinica DePaul di Rochester, quello con il contenuto che aveva tanto preoccupato il dottor Lunde.

Leggendo quel rapporto, probabilmente Ken aveva avuto l'opportunità di adattare la sua performance all'impressione che gli esperti di psichiatria si stavano formando sul suo passato. Il contesto in cui si stava sviluppando la difesa era oramai chiaramente quello di abusi durante l'infanzia e di una successiva possibile malattia mentale.

D'altronde, i referti della clinica erano del tutto autentici e, in quel senso, una legittima difesa basata sullo stato mentale di Ken sarebbe stata un risultato del tutto plausibile.

Bianchi si presentò nella sua tuta da carcere grigiastra, con i capelli scuri che erano cresciuti notevolmente dal momento del suo arresto e apparivano ondulati e leggermente spettinati. Era alto circa un metro e ottanta, con un fisico non esattamente robusto, ma certamente muscoloso e di proporzioni regolari. Più che capace di porre fine a una vita a mani nude, se lo avesse voluto.

Non era ammanettato o bloccato in nessun modo e nessuno sapeva bene cosa aspettarsi. Ken avrebbe potuto avere un qualche tipo di episodio psicotico dissociativo in qualsiasi momento, o se fosse stato solo un normale criminale sociopatico con un brutto carattere, anche in quel caso sarebbe potuta finire male per loro.

Watkins doveva approcciare la situazione tenendo tutto questo in mente. Cominciò in modo colloquiale: pose a Ken una serie di domande inoffensive su come stava, come si stava sentendo in prigione e che pensieri aveva avuto negli ultimi tempi.

Le risposte di Bianchi erano sommesse ma educate, né espansive né brusche. Rifletteva ad alta voce con una qualità di cupa introspezione. Era riconoscente per gli sforzi di ognuno di loro. Avrebbe fatto tutto ciò che gli avrebbero chiesto; era il paziente rispettoso che ottemperava alle disposizioni legate alla sua diagnosi e al suo trattamento.

L'argomento della conversazione si spostò rapidamente su Frances. Ken rispose che provava sentimenti diversi nei suoi confronti da quando aveva letto il rapporto della Clinica DePaul. Lo aveva reso consapevole della sua grandissima capacità di negazione. C'erano così tante cose nella sua vita e nel suo passato a cui aveva semplicemente scelto di non pensare.

Iniziò a rantolare in una sorta di stile contorto e ripetitivo a cui tutti coloro che lo avrebbero esaminato nel tempo si sarebbero ben abituati. Era il marchio di fabbrica dell'oratoria di Kenneth Bianchi. Parlava molto senza dire niente; forse era deliberatamente vago, oppure indicava semplicemente una grande assenza di autoconsapevolezza.

«Voglio dire,» continuò, «avreste potuto dirmi qualsiasi cosa su mia madre. Avreste potuto parlarne male fino a diventare blu in faccia, dirmi che era una madre cattiva, screditarla. Ed io avrei combattuto con le unghie e con i denti. Cioè, mi sarei schierato a suo favore e mi sarei opposto a tutto quello che avevate da dire. Perché ho sempre avuto il più grande amore e rispetto per mia madre. Ma ora comincio a chiedermi...»

«Vai avanti Ken» disse il dottor Watkins. «Che cosa ti preoccupa?»

«Voglio dire, io – ho letto il rapporto e mi è sorta la domanda... Voglio dire, chiaramente ho avuto problemi seri, alcuni peggiori di altri, alcuni che più avanti si sarebbero potuti trasformare in problemi seri. E ora mi domando, forse avrei dovuto avere più aiuto, più aiuto professionale...»

Salerno e Finnegan si scambiarono un'occhiata con le sopracciglia inarcate. La cosa stava prendendo già una piega che a loro non piaceva. Ma stava per peggiorare.

«Ken,» disse il dottor Watkins, «se ti nascondi da te stesso... se non sai chi sei veramente... Ho l'impressione che ci sia questa immagine rosea, che avevi prima. È un po' come illudersi. Forse questa cosa va avanti da molto tempo.»

Ken annuì. «Sì, dottore, è esattamente così.»

Watkins avvertì Ken che quelle porte chiuse nella sua mente, una volta aperte, avrebbero potuto fargli scoprire aspetti di sé che avrebbero potuto non piacergli. Ma era quello che doveva succedere perché potesse verificarsi qualsiasi tipo di "guarigione".

Ken acconsentì con entusiasmo. Nonostante tutte le

sue paure, era disposto a esplorare la verità su se stesso e sul suo passato.

A quel punto Salerno e Finnegan scossero la testa increduli. Per loro l'approccio di Watkins e il tipo di domande che stava ponendo erano allusivi al punto da rendere nullo qualsiasi risultato. Si stava già dando per scontato che Ken fosse affetto da un difetto psicologico che lo avrebbe reso amnesico ed estraneo a se stesso in alcuni momenti chiave; che non sapesse di quali azioni fosse capace e che il suo io cosciente non fosse consapevole o non ricordasse nulla degli omicidi.

Salerno ripensò al colloquio con Kelli Boyd che non aveva mai detto di aver assistito a episodi di amnesia da parte di Ken.

E anche a voler supporre, per ipotesi, che fosse vero, che Ken fosse un pazzo che, di tanto in tanto, perdeva conoscenza e si trasformava in un maniaco omicida, ciò avrebbe voluto dire che a Los Angeles la cosa accadeva convenientemente solo quando era in giro con suo cugino, Angelo Buono. Il resto del tempo Bianchi era il signor Normalità. Quante erano le probabilità?

La verità era che i detective e gli esperti di psichiatria avevano punti di vista molto diversi tra loro. Watkins considerava Ken un paziente; i detective consideravano Ken un sospettato di omicidio seriale.

Per Watkins era arrivato il momento di mettersi al lavoro e andare al nocciolo della sessione. Spiegò gentilmente a Ken che avrebbe impiegato l'ipnosi per superare le sue difese psichiche e "recuperare i suoi ricordi". Che tutto ciò che era accaduto nella sua vita, assieme a tutti i sentimenti e le reazioni associate, era stato registrato dalla sua psiche sin dalla nascita. C'erano cose che la sua mente cosciente dimenticava per proteggersi.

«Ma, Ken, a volte quelle difese diventano così rigide che smettono di proteggerci e vanno anzi a ostacolare la guarigione. È chiaro?»

Ken annuì.

Watkins gli disse di non preoccuparsi di nulla. Era completamente al sicuro. La procedura dell'ipnosi consisteva essenzialmente nell'indurre uno stato di profondo rilassamento e Ken non avrebbe provato alcuna sofferenza per quello che sarebbe emerso, almeno non durante l'ipnosi stessa.

Watkins iniziò suggerendo a Ken di rilassarsi e di sentire soltanto come ogni arto, uno dopo l'altro, e poi tutto il corpo, si sarebbero appesantiti. Goditi la sensazione di non prestare attenzione a niente, di ignorare qualsiasi cosa al di là della sensazione di pesantezza nel suo corpo. Le sue gambe erano pesanti come i rami sul tronco di un albero. Poi anche le braccia, sempre più pesanti. Il suo corpo stava sprofondando completamente. Il mondo stava diventando caldo e pesante.

«Non è bello lasciarsi andare...? Provare una sensazione profonda di calma e di pace... sempre più in profondità...»

Le palpebre di Ken si abbassarono e le braccia si rilassarono sui loro appoggi. Sembrava che si stesse sciogliendo sulla sedia. Sembrava proprio che l'induzione ipnotica di Watkin stesse funzionando.

Eppure Salerno e Finnegan erano scettici. I loro sospetti e la loro indignazione crebbero ancora di più quando Watkins passò al fulcro della seduta e invitò a parlare un alter che si presumeva essere già in agguato nella mente di Bianchi.

«Ho parlato un po' con Ken ma credo che potrebbe esserci un'altra parte di Ken con cui non ho ancora parlato, che forse sembra un po' diversa. E vorrei che quell'altra parte venisse fuori per parlare con me. E quando sarà qui la mano sinistra si solleverà dalla sedia per indicarmi che la parte con cui vorrei parlare è arrivata. Potresti per favore venire fuori, Parte, così posso parlarti? Parte, verresti a sollevare la mano di Ken per indicarmi che sei qui?»

In un primo momento non ci fu risposta. Watkins

supplicò e cercò di convincere "Parte", ma questa non arrivava. Il dottore decise di provare un approccio leggermente diverso.

«Parte, non devi parlare con Ken se non vuoi. Puoi parlare solo con me. Qualsiasi cosa mi dirai, rimarrà tra me e te. Non condividerò niente con Ken. Parte, se vuoi parlare con me, vorrei chiederti di farmelo sapere alzando la mano sinistra di Ken.»

Lentamente, senza alcuno sforzo percettibile, la mano sinistra di Ken iniziò a sollevarsi dal bracciolo della sedia.

«Sì» disse una voce, più profonda della solita voce con cui parlava Ken.

«Ci sei?»

«Sono qui.»

Watkins si portò il pollice alle labbra e si fece in avanti sulla sedia, chiaramente elettrizzato dalla trasformazione.

«Parte,» disse eccitato, «sei uguale a Ken o se in qualche modo diverso?»

«Non sono Ken. Sembro Ken?»

Il tono di "Parte" era indignato, quasi disgustato dal paragone. Chiaramente Ken non andava a genio a chiunque stesse parlando in quel momento.

Allora Watkins si fece in quattro per non causare ulteriori offese. Dopotutto, non voleva che "Parte" andasse da un'altra parte.

«Ora mettiti pure comodo lì sulla sedia. Hai un nome? Come posso chiamarti?»

«Sono Steve. Puoi chiamarmi Steve.»

Johnson, che reggeva la telecamera, fece un leggero passo indietro. Aveva già intuito che quel personaggio di nome Steve non era particolarmente amichevole.

«Piacere di conoscerti, Steve. Non dobbiamo parlare di Ken, ora. È di te che voglio sapere. Parlami di te. Che cosa fai tu?»

Sentendo il nome di Ken, l'umore di Steve sprofondò nuovamente.

«Quel fesso maledetto…»

«Chi? Ken?»

«Lo odio. Quella fottuta checca.»

«Perché odi Ken?»

«È un idiota. Sta lì a sopportare tutto quello che gli fa.»

«Chi? Che cosa?»

«Mia madre. Io odio mia madre. Odio parecchie persone.»

«Quindi la madre di Ken è tua madre?»

«Non proprio. Beh, in un certo senso lo è…»

Watkins ascoltava attentamente, assorbendo avidamente ogni nuova rivelazione. Si accarezzava la barbetta sul viso come uno scienziato intento a osservare una provetta che ribolle. Che cosa sarebbe successo dopo?

«Perché odi tua madre Steve?»

«Perché non mi lasciava andare…»

Steve, nonostante la sua reticenza iniziale, si era appassionato all'argomento e improvvisamente aveva molto da dire. Non c'erano dubbi sul fatto che Steve detestasse Frances, ma non c'era neanche fine ai suoi appellativi contro Ken. Aveva detto che Ken era uno stronzo. Che era debole. Che non era riuscito ad affrontare la cosa. Era uno stupido, nient'altro che uno stupido.

Steve odiava Ken perché Ken si faceva mettere i piedi in testa da Frances. Non aveva neanche un po' di rispetto nei suoi confronti, tanto era facile ingannarlo. A Steve piaceva fare giochetti con la mente di Ken.

«Gli faccio fare cose,» disse, «cose che non farebbe mai perché non ne ha il coraggio. Poi gliele faccio dimenticare. Si sente così confuso. Ahah…»

«Che cosa fai fare a Ken?»

«Lo faccio mentire. Gli faccio fare del male alle persone.»

Steve sorrise, gongolando per le sue gesta.

«Oh, l'ho sistemato per bene» continuò. «Quando è andato a Los Angeles. Oh, sono stato così bravo.»

———

Salerno e Finnegan, seduti nell'altra stanza, non furono affatto colpiti da quella che secondo loro era stata un'esibizione calcolata – l'esibizione di un imputato che vuole evitare la punizione, e nemmeno una particolarmente convincente.

Tuttavia, quando sentirono nominare Los Angeles drizzarono le orecchie. Tutto d'un tratto stavano prestando attenzione sul serio. La personalità multipla poteva essere reale, oppure si trattava di una messinscena, ma indipendentemente da tutto ciò, se "Steve" avesse rivelato dei dettagli verificabili che avrebbero permesso di attribuire gli omicidi a Buono, sarebbe stato per lo meno d'aiuto per montare un'accusa contro uno dei due strangolatori.

Steve andò avanti dicendo:

«Una notte ero con lui... era andato da suo cugino Angelo e l'aveva beccato con una ragazza... Ken era entrato proprio nel momento in cui Angelo la stava uccidendo.»

«Chi è Angelo?» chiese Watkins.

«Quell'altro idiota che conosce a Los Angeles. Suo cugino. Io l'ho fatto andare da Angelo e gli ho messo in testa tutti questi pensieri morbosi.»

«Pensieri di che tipo?»

«Del tipo che non c'è niente di sbagliato nell'uccidere. E poi tanto più tardi glielo faccio dimenticare, no?»

Salerno e Finnegan si scambiarono uno sguardo e alzarono gli occhi al cielo. Salerno aveva diligentemente portato con sé matita e taccuino, ma fino a quel momento aveva preso solo un appunto: "Cazzate", scritto in maiuscolo e sottolineato.

«Gli hai fatto uccidere qualcuno? Chi gli hai fatto uccidere?»

«Le ragazze... Gli ho fatto pensare che fossero sua madre e tutte le altre persone che odiava. Poi gliel'ho fatto dimenticare. Ho fatto proprio un bel lavoro, ahah...»

«Come le uccideva Ken, le ragazze?»

«Uhm, alcune le uccideva lui. Per altre dava una mano.»

«Intendi lui e Angelo insieme?»

«Esatto.»

«Capisco E quindi, come le uccideva? Con una pistola?»

«Oh, no, gliele ho fatte strangolare tutte.»

Il dottor Watkins continuò a cercare di convincere "Steve" ad aprirsi sugli omicidi, cosa che non fu affatto difficile. Questo Steve, a differenza di Ken, era molto collaborativo per quanto riguardava il coinvolgimento suo e di Angelo, rispetto al quale era particolarmente aperto.

Ma Watkins voleva spostare la conversazione su Washington, dal momento che quella per gli omicidi di Karen e Diane era la sfida legale che Ken avrebbe dovuto affrontare nell'immediato. Quindi lo interrogò su Karen Mandic. Come aveva conosciuto Karen, Ken?

Steve spiegò che Ken e Karen erano amici. Steve odiava chiunque piacesse a Ken e aveva deciso di "saldare i conti". Disse che quando gliel'aveva fatta uccidere, insieme a Diane, gli aveva fatto credere che si trattasse delle persone che avevano mandato via suo padre. (Watkins sapeva dalla letteratura clinica sulla sua prima infanzia che il padre di Ken era morto improvvisamente a causa di un attacco cardiaco quando il figlio era appena entrato nell'adolescenza. Ken era stato molto vicino a suo padre e lo amava). Steve spiegò che aveva strangolato le ragazze e poi le aveva messe in macchina e le aveva portate in una strada. Ken in seguito si era "svegliato" e si era ritrovato a camminare lungo quella strada senza alcuna memoria di come vi fosse arrivato, o degli omicidi.

Steve parlò anche di Yolanda Washington. I presenti lo ipotizzarono poiché Ken aveva nominato una "ragazza nera", e Yolanda era stata l'unica vittima non bianca a Los Angeles.

«L'abbiamo presa in centro, giù a Hollywood. Era una squillo. Ce la siamo portata in giro in macchina, me la sono scopata, e lei era sempre più terrorizzata. Poi Angelo mi ha detto di sbarazzarmi di lei. E così ho fatto.»

Steve usò il nome completo di Angelo, Angelo Buono. Disse che Angelo gestiva un'attività di tappezzeria per auto a Glendale e fornì l'indirizzo esatto. Che stesse fingendo o meno, quella era un'informazione utile per i detective. Angelo aveva ammesso il suo legame precedente con Ken a Los Angeles, e Ken era legato agli omicidi di Washington da prove fisiche dirette. Quella che Ken e Angelo, presi insieme, fossero gli Strangolatori delle colline sembrò allora essere diventata una teoria inattaccabile.

«Lo hai proprio sistemato per bene» continuò il dottor Watkins.

«È talmente fesso» rispose Steve, ridendo. «Vorrei poter restare fuori io. Voglio restare fuori!»

Anche se Ken era debole, aveva un asso nella manica, un potere che Steve non possedeva. Ken aveva intrappolato Steve nel suo corpo. Ken poneva dei limiti a ciò che Steve poteva fare, ai suoi giochi e al suo divertimento.

«Che cosa faresti se potessi stare fuori?» chiese Watkins.

«Ucciderei Ken. Devo liberarmi di lui, farlo sparire.»

«Chi altro vorresti uccidere?»

«Non lo so. Qualcuno da uccidere lo troverei.»

Il dottor Watkins accennò al fatto che Steve avesse ucciso esclusivamente donne. Aveva mai ucciso uomini, o provato il desiderio di farlo?»

«Ken odia le donne. Cioè, io odio le donne.»

«Perché?»

«Perché fanno male.»

Capitolo 25

SALERNO E FINNEGAN ERANO DISGUSTATI DA QUELLO CHE avevano appena visto. Non solo Watkins aveva praticamente consegnato a Bianchi la sua difesa su un piatto d'argento, ma per tutta risposta quel buffone di un dottore si stava davvero bevendo le stronzate di Ken.

Come faceva a non rendersi conto che Bianchi stava fingendo? Era cosi ovvio. I detective sapevano che quello che stavano guardando era puro teatro e ad allertarli era stata una cosa in particolare. A volte Bianchi aveva fatto confusione tra le due identità, dimenticando chi era chi: "Ken odia le donne. Voglio dire, io odio le donne." A Salerno e Finnegan sembrò anche che la personalità sgradevole e aggressiva di "Steve", che contrastava così tanto con il bravo ragazzo tutto americano che era Ken, fosse stata modellata di proposito a immagine e somiglianza di Angelo Buono.

Per Salerno e Finnegan, l'ingenuità di Watkins – o la sua determinazione ad accrescere le sue credenziali professionali attraverso la scoperta e la documentazione di un altro caso di MPD, senza curarsi della morte di dodici donne – era stata ampiamente dimostrata dalla sua condotta nei confronti di Bianchi alla fine della sessione. Watkins, dopo aver rimandato "Steve" nel subconscio di Ken, parlò di nuovo con Ken il paziente. Questi, allarmato e spaventato, aveva negato qualsiasi consapevolezza del suo alter ego e aveva mostrato confusione rispetto a quello che era appena successo, perché aveva "un vuoto di memoria". Watkins aveva rassicurato Ken dicendogli che avrebbe saputo di più su "Steve" nelle settimane successive e che "Ken" sarebbe diventato più forte, mentre "Steve" si sarebbe indebolito. Sarebbe stato difficile e terrificante, ma andando avanti con la terapia Ken avrebbe potuto reintegrare e recuperare quelle parti represse e scisse del suo sé, ripristinare l'intera gamma dei suoi "pensieri, ricordi, sogni e così via" fino a quando non avrebbe pienamente compreso "cosa fosse accaduto".

Secondo gli investigatori Watkins si era bevuto la performance di Bianchi in modo del tutto acritico, dando per scontato ciò che in realtà si sarebbe dovuto dimostrare. Il dottore si era avvicinato a Ken semplicemente come se fosse stato un altro paziente, dimenticando il fatto – o forse trascurandolo per il proprio tornaconto professionale – che si trattava di un'indagine penale in cui il sospettato era accusato di omicidio, con in ballo una pena capitale.

In seguito, il dottor Watkins si era precipitato con entusiasmo alla sua scrivania per scrivere il suo rapporto. Era assolutamente certo che Ken avesse una personalità multipla. Secondo la sua opinione, Ken si comportava esattamente come gli individui affetti dalla stessa condizione e, dato che ne aveva osservati molti nel corso della sua carriera, non avrebbe dubitato facilmente delle proprie osservazioni.

Com'era possibile che i poliziotti e lo psichiatra fossero giunti a conclusioni così radicalmente diverse?

Una spiegazione, quella proposta dagli stessi investigatori, ipotizzava che il dottor Watkins avesse trascurato le motivazioni che erano sorte in Bianchi nel contesto giuridico della sua valutazione psichiatrica. Bianchi aveva un buon motivo per mentire. La Polizia aveva già concluso che era un sociopatico e mentire ed esibirsi è ciò che i sociopatici sanno fare meglio.

Un'altra spiegazione possibile stava nel fatto che lo psichiatra e il resto della squadra della difesa, per giungere alle loro conclusioni, stavano guardando a un bacino di prove diverso.

Il rapporto del Dr. Watkins a Dean Brett, che non lasciava dubbi sulla diagnosi di personalità multipla di Ken, rendeva chiaro che a convincerlo non era stato solo l'emergere dell'alter ago "Steve" sotto ipnosi, ma anche il background di Bianchi riportato nella letteratura clinica di Rochester. Quella storia inquadrava perfettamente un'immagine di trauma e abuso coerente con una diagnosi futura di quel tipo.

Watkins spiegò a Brett che l'infanzia di Ken mostrava diversi elementi in comune con quella di altri bambini che avevano sviluppato uno stato dell'Io alterato attraverso la dissociazione isterica. Tipicamente, nella famiglia di origine, un genitore è passivo e uno è dominante. Il padre adottivo di Ken era stato spesso lontano per lavoro mentre lui stava crescendo, e poi era morto quando Ken era entrato negli anni cruciali della sua formazione; Frances era una "madre soffocante" che aveva reso Ken il fulcro della sua esistenza, un fardello troppo grande per un ragazzo giovane e sensibile con poche altre risorse su cui fare affidamento.

In una famiglia del genere la punizione tende a essere estrema e incoerente. Un giorno il bambino viene lodato per un certo comportamento e il giorno dopo viene picchiato per aver fatto la stessa cosa. Rispetto alle punizioni per la disciplina dei bambini e al loro potenziale di danni gravi e duraturi per la personalità, la distinzione che si effettua tipicamente è l'opposizione tra ciò che spesso viene definito abuso "positivo" o "negativo". La punizione "positiva" può essere dura, ma se è coerente, generalmente il danno che provocherà non sarà grande. Ma una punizione aggressiva e incoerente preannuncia esiti gravi per la salute mentale. In queste famiglie i bambini hanno maggiori probabilità di sviluppare condizioni dissociative. Hanno anche – sebbene ciò non fosse evidenziato nel rapporto di Watkin – più probabilità di sviluppare gravi tratti antisociali e, nei casi peggiori, disturbi della personalità o psicopatia.

In queste famiglie è tipico l'abuso fisico, psicologico e sessuale. L'individuo alla fine risponde all'insostenibilità di questo ambiente "dividendosi", creando una o più personalità per gestire l'abuso per conto della vittima. Quel duro di nome "Steve", secondo Watkins, probabilmente era stato creato da Ken perché gli facesse da protettore. Alla fine Steve aveva incanalato tutta la rabbia che Ken aveva provato nei confronti di sua madre e, per estensione, delle donne in generale. Ken, d'altro canto, aveva continuato a recitare la parte del buon figlio che avrebbe fatto qualsiasi cosa in suo potere per guadagnarsi l'approvazione di sua madre.

A cementare il consenso crescente all'interno della squadra della difesa sul fatto che Bianchi fosse un vero dissociativo fu uno sviluppo finale. Dean Brett, nell'approfondire il passato di Bianchi a Rochester, aveva contattato lo psicologo che aveva scritto il rapporto della clinica DePaul quando Ken aveva undici anni. Quel particolare psicologo, un certo dottor Dowling, aveva offerto il seguente punto di vista: "a mio parere i dati dei test psicologici del 1962 [quando aveva undici anni] sono sufficientemente consistenti con una successiva condizione di personalità multipla".

Watkins e Brett avevano trascorso una discreta quantità di tempo con Ken al di fuori del contesto diagnostico formale e si trovavano d'accordo su una certa visione del carattere di Ken. Vedevano un giovane alla mano, simpatico e amichevole, che non aveva assolutamente idea di come fosse finito in una situazione così terribile.

Watkins in seguito notò di aver osservato che Ken

era più preoccupato per "quello che stava accadendo dentro di lui" che per la possibilità di una punizione. Ken non credeva che avrebbe potuto commettere i crimini e per molto tempo aveva impedito al suo avvocato di preparare una difesa fondata sull'infermità mentale. Quello non era il comportamento di una persona colpevole che cercava di sfuggire alle conseguenze delle sue azioni.

Sebbene Watkins e gli investigatori non fossero d'accordo su ciò che era accaduto durante la sessione, non c'erano dubbi sul fatto che le rivelazioni al suo interno erano state affascinanti. Anche se non accettava la responsabilità dei crimini che aveva commesso, Bianchi li aveva confessati, e aveva indicato esplicitamente Buono come complice. Allo stesso tempo, anche se "Steve" era un'invenzione, era chiaro che Ken Bianchi stesse raccontando ai presenti qualcosa di vero su di sé, sulla sua patologia e sulle sue motivazioni. "Ken" e "Steve" odiavano le donne e cercavano di vendicarsi su di loro per tutte le umiliazioni che la madre aveva inflitto loro.

Ma qual era la verità? Chi era veramente Ken: l'uomo innocente con la mente in frantumi o un assassino sociopatico?

Dean Brett e un gruppo di psichiatri avevano scavato nel suo passato alla ricerca di una risposta. La difficoltà che avevano incontrato era che la sua storia avrebbe potuto farlo diventare sia una cosa che l'altra.

Caro lettore,

Speriamo che leggere *Una Città In Pugno* ti sia piaciuto. Per favore, prenditi un attimo per lasciare una recensione, anche breve. La tua opinione è molto importante.

Saluti

O.J. Modjeska e il team Next Chapter

A Chronicle Of Chaos
ISBN: 978-4-82414-572-7
Tascabile in edizione economica

Pubblicato da
Next Chapter
2-5-6 SANNO
SANNO BRIDGE
143-0023 Ota-Ku, Tokyo
+818035793528

29 agosto 2022

9 784824 148803